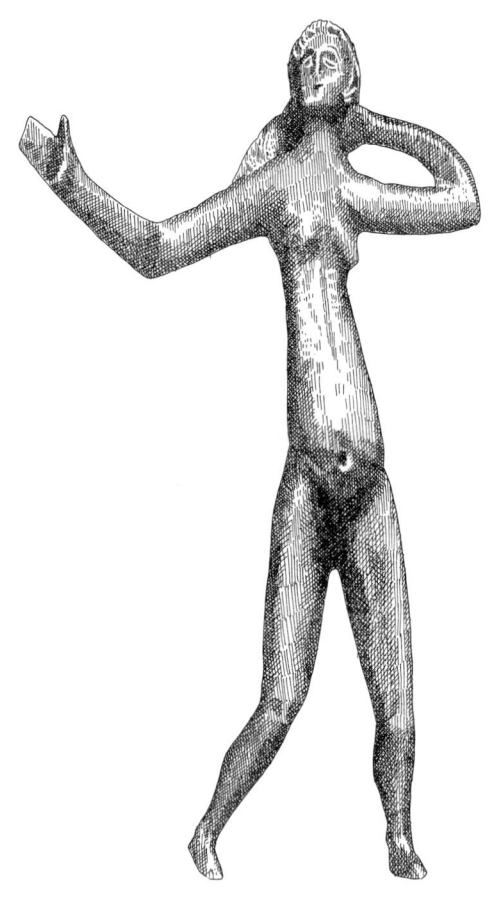

凯尔特神话

THE
CELTIC MYTHS
A GUIDE TO THE ANCIENT GODS
AND LEGENDS

[英]米兰达·阿尔德豪斯-格林
(Miranda Aldhouse-Green) 著

刘漪 译

民主与建设出版社
·北京·

致 谢

这本书能够顺利出版，我要感谢很多人。我要感谢我的家人和朋友，耐心地忍受我对于神话的痴迷。我非常感谢泰晤士&赫德逊出版社，特别是科林和艾丽丝。我的三只缅甸猫——蒂朵、珀耳塞福涅、塔里辛——在我漫长而又孤独的写作时光里一直陪伴着我。此书对于史蒂芬的致谢是要告诉他我有多么感激他以及他对我无条件地支持。

目 录

序　凯尔特人的世界：空间、时间及证据/1

1
口口相传：传说的生成/1

2
神话编织者/25

3
爱尔兰的神鬼精怪/45

4
谜一样的威尔士：魔法之乡/65

5
英雄的份额：神话中的英雄们/87

6
富有魔力的动物和边缘的存在/105

7
危险关系：女性的畸形影响/127

8
土地和水：精灵的骚动/145

9
天堂和地狱：乐园与地下世界/165

终　章
异教与基督教：神话的变形/187

延伸阅读/191

引文出处/192

译名对照表/194

插图出处/199

于是康纳尔,所有男人中最敏锐者,
让他的德鲁伊们十人一组围绕着他,
说道:"库呼兰将蛰伏在那里
并在可怕的宁静中忧思三日以上,
之后出现,咆哮着将我们全部杀死,
歌声耳边萦绕令他产生幻觉,
与像马一样奔腾的海浪搏斗。"
德鲁伊们于是施展他们的秘术,
吟唱三日之久。
——威廉·巴特勒·叶芝《库呼兰与海浪的搏斗》

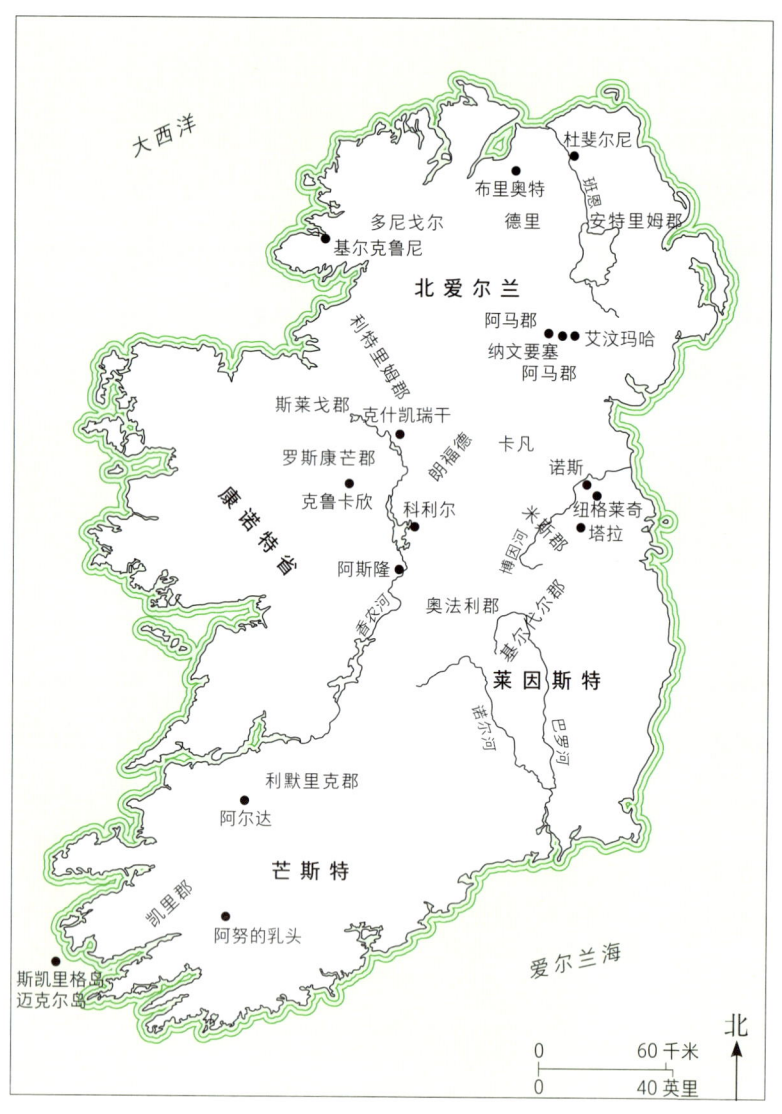

本书中涉及的爱尔兰的地区及地点

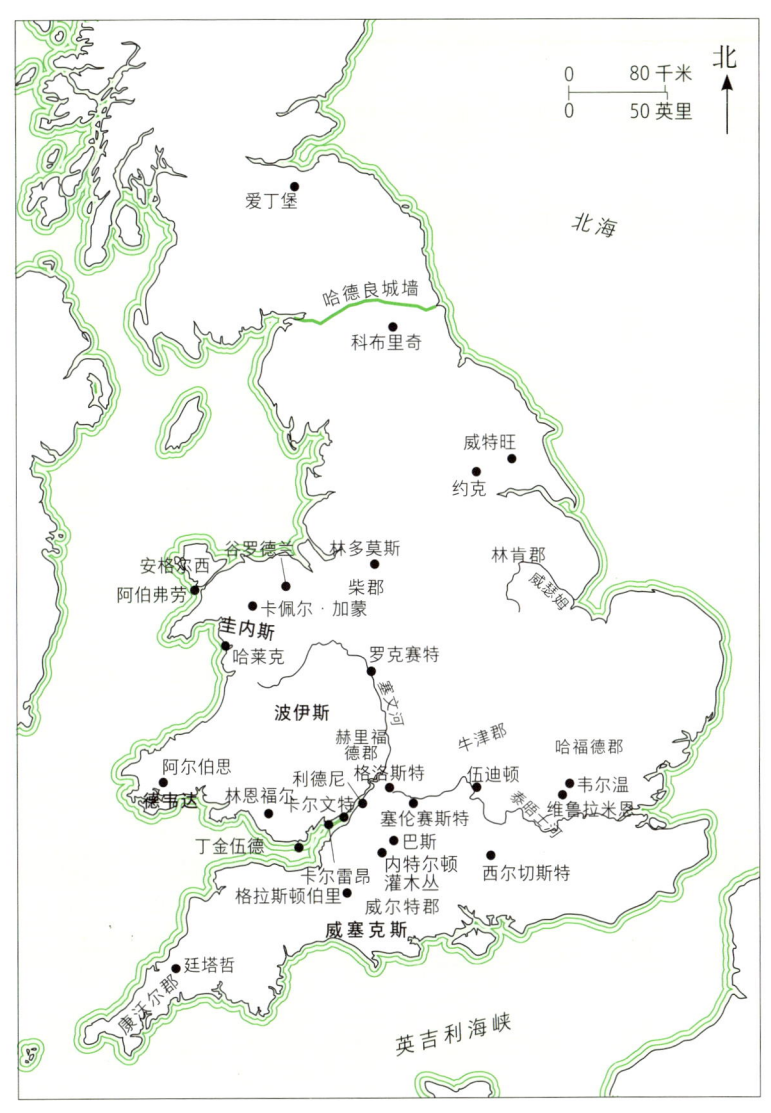

本书中涉及的英格兰和威尔士的地区及地点

·序·

凯尔特人的世界：空间、时间及证据

> 高卢全境分为三个部分：其中一部分居住着比利时人；另一部分居住着阿奎塔尼人；第三部分则居住着我们称作高卢人的那个民族，尽管在他们自己的语言里，他们自称为"凯尔特人"。
>
> ——恺撒，《高卢战记》第一卷第 1 章

本书主要关注的是在中世纪早期的爱尔兰和威尔士文献中记载的神话故事，其文字记录形成于 8 世纪到 14 世纪之间。当我开始提笔写作一本以"凯尔特神话"为题的书时，内心是很踌躇的。自 20 世纪 90 年代起，考古学界就严肃地质疑过，使用"凯尔特"这个词语来描述铁器时代的欧洲西部及中部诸民族是否恰当。其中，用"凯尔特人"来指称古代不列颠人的做法受到了特别猛烈的攻击。尽管许多古典世界的作者都曾将高卢地区（大概相当于今天的法国、瑞士、莱茵河以西的德国、伊比利亚半岛东北部以及意大利最北部地区）的民族称作"凯尔特人"，但他们并不认为不列颠的人民也是凯尔特人。罗马人将住在不列颠岛上的民族称作"不列颠人"。

这个术语的反对者提出的最主要理由是：当我们用它来形容古代欧洲人时，会使几个世界观和文化都明显不同的民族间的界限变得模糊，同时也会让某些地区，例如欧洲的最北部地区被排除在"凯尔特"这个统称之外，而考古学证据却显示这些地区的人们和他们的南部邻居共享许多文化上的相似之处。尤利乌斯·恺撒对高卢很熟悉，因为

他和他的军队曾驻扎在那里将近十年之久。他的名作《高卢战记》的开篇使这个地区的三个民族广为人知，他们分别是西部的阿奎塔尼人、东部的比利时人和位于中部的凯尔特人。恺撒特别强调了最后一个族群将自己叫作凯尔特人，而这一点很重要。大多数时候，我们无法断定史前民族社群的自我身份认同，因为他们尚未学会使用文字，因此无法留下关于自己的书面记录。即使是恺撒对这个名称的使用，也很可能仅仅是他自己为了方便而做出的一个笼统划分，实际上却掩盖了这个群体内部的巨大差异性。

尽管确立古代和中世纪早期的民族身份延续性颇为麻烦，但它们之间有一个重要的联结因素，那就是语言。所有的证据——例如早期十分稀少的铭文或是希腊-罗马地理记载上的地名——都支持这样一个论断，即人们今天所知、所讲的凯尔特诸语言都确定是从古典时代流变而来，因为它们身上都有着高卢语、凯尔特伊比利亚语和古英语的痕迹。诚然，语言不能简单地等同于民族身份，但语言的确有助于民族身份的延续。例如，大家都认可英国之外的地区对英语的使用使他们一定程度上都受到了同一文化身份的浸染，尽管各个英语国家之间也存在着一定的文化差异。

名字本质上是一种标签。古代希腊包含了一系列的城邦国家——雅典、斯巴达、科林斯等等，他们讲相同的语言，但却各自将自己视为完全不同的文化。罗马帝国囊括了古典世界的一大片地方：从不列颠到阿拉伯的各个行省，人们都将自己视为既属于本土民族的人，又是帝国的一分子。因此，在《圣经》的《使徒行传》中，塔尔苏斯的保罗信心十足地宣称，自己是一名 Civis romanus，即罗马公民，而与此同时又是极度独立的 state of Judea（犹太国家）的成员。因此问题就变成了："凯尔特"作为一个用来描述共享某些重要文化元素的民族的标签，真的比"希腊"或"罗马"更缺乏正当性吗？我认为答案是否定的。

另外一个需要考虑的问题是：用"凯尔特"来描述我们现在理所当然认为是属于这一范围的那些民族——爱尔兰人、威尔士人、苏格兰人、康瓦尔人、曼恩岛人、布列塔尼人和加利西亚人——的这种做法源起何处。16世纪古典学者乔治·布坎南首次提出"凯尔特人是一个生活在爱尔兰和不列颠本土的统一民族"这一观点。因此将威尔士、爱尔兰以及其他欧洲西部边境上的民族纳入"凯尔特"的概念之下，是个现代才出现的做法（与古典时代恺撒用这个词来指代他在欧洲大陆上遇到的民族完全不同）。尽管如此，作为"一个凯尔特人"的自我认同感，对于现代居住于凯尔特诸民族地区，如爱尔兰、威尔士的人们来说，仍然至关重要。如果人们相信自己拥有某一身份，那么这种信念本身就给了我们很充足的理由去认可这一自决行为。如若不然，"身份"的构建又能以什么为依据呢？

这些关于族裔身份的讨论，对我们将要介绍的神话有何影响？当试图在早期异教中世纪文献中呈现的宇宙观，与更早的关于铁器时代以及罗马高卢–不列颠的考古学记载中的宇宙观之间建立联系时，我们面临着一个重要问题：现在人们找到的神秘主义文本主要来自威尔士和爱尔兰，但大部分指向存在一个"凯尔特"异教的考古学证据却都是在今天的英格兰和欧洲大陆西部发现的。于是来自铁器时代和罗马统治时代的考古证据，就与中世纪凯尔特神秘主义文献的发源地之间，存在着一些地域差异。尽管人们在中世纪的高卢和不列颠并没有发现与同时代威尔士和爱尔兰传说同源的神话，但是这也不能表明这些神话就不存在。实际上，有很明确的迹象暗示这两个区域的民族曾共享一套宇宙观体系。一个显著的例子是在高卢中部找到的科利尼日历（见162页），它由高卢语写成，上面提到了萨蒙尼奥节，而这与爱尔兰的新年庆典萨温节必然是同一个节日。这两个地区的文化还有很多类似的相似之处，我们将在后面的章节中逐一讨论。不过，凯尔特神话传说也不能因此就被认为反映了铁器时代的社会风貌。学者们已

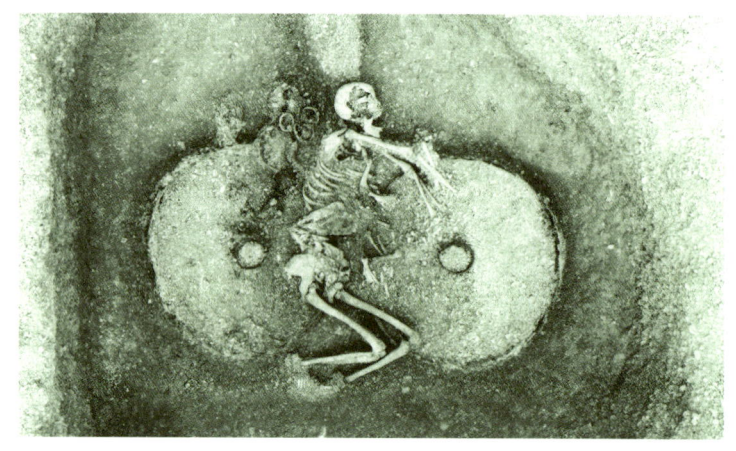

1948年发现于东约克郡威顿的铁器时代战车埋葬的年轻女子。

经达成共识:这些神话传说中所详细描绘的那些器物,如库呼兰的武器和战车等都属于中世纪早期,而非更久远的史前时代。

尽管本书主要是关于神话传说的,但记载传说的这些文献也需要被放置到适当的语境中去理解。因此,我在书中将会时常插入一些相关的早期考古学证据,并且这些证据不止限于"凯尔特西方"的范畴,因为很多传说人物和仪典的源头可能来自古代的布列塔尼人和高卢人聚居的地区。将文献和物质文化资料结合起来,可以向我们提供一幅丰富而全面的画卷:让我们了解到当时已知世界的西部边陲上的人们和他们的神灵间的关系和信念,以及当地本土异教与外来宗教产生碰撞时的情景。对于古典时代的布立吞人和高卢人来说,他们在铁器时代的异教崇拜和侍奉方式不得不去适应和吸收罗马人带来的宗教习俗。之后,基督教则成了凯尔特异教面临的最大挑战。

考古学证据中的一个方面,不仅可以将铁器时代的欧洲大部联结在一起,而且可以与后来的中世纪早期也产生关系,那就是艺术。凯尔特(或拉坦诺)艺术起源于约公元前5世纪,其丰富而多样的表现手法既从自然世界中,也从灵性想象里梦幻般的超现实主义中汲取灵

关于发音的说明

不要被许多爱尔兰和威尔士名字的奇怪拼写吓到！正确地发音或许比较困难，但下面的几个例子可能会对您有所帮助。

Pwyll	Pooilth
Matholwch	Matholooch (ch 类似于 Scottish 'loch'; 重音在第二个音节上)
Culhwch	Keelooch
Medbh	Mayve
Cú Chulainn	Coo Hulayn (重音在第二个单词的第一个音节上)
Oisin	Oysheen

感，并且体现为各式各样的艺术形式。然而这些艺术形式在更高的层面上有着统一性，即它们的创作者和消费者都以同样的方式感知并表达他们的世界。此类感知和表达方式中的某些元素在时间的长河中保留了下来，不仅在早期基督教艺术中有所体现——例如凯尔特地区十字架上的装饰——而且也部分渗透到了中世纪凯尔特传说本身之中。因此，那些具有魔力的头颅、三位一组的神祇、被施了魔法的坩埚和半人生物，既活跃在铁器时代的艺术作品中，也同样存在于后来的神话传说里。作为这些文化传统在时间长河中的维护者和保存者，我们需要比德鲁伊们——这些时间的主人、"过去"的收藏者——看得更远吗？尤利乌斯·恺撒等古典时代的作家们，提到高卢和不列颠的德鲁伊的时候，称他们为教师和宗教领袖，他们是其祖先神圣的口述传统的守护者。

· 1 ·
口口相传：传说的生成

  烟雾散去后，看哪，所有的地方都被光明充满。当他们想以旧日习惯的方式去寻找自己的羊群、牛群和房屋时，这些全都不见了踪影了：没有房子，没有牲畜，没有烟，没有火光，没有人，更没有人们聚居的群落，只见空无一人的宫殿矗立在眼前，荒凉又寂寥，刚刚还在这里的人和兽群全都不见了，只剩下他们四个面面相觑，不知道自己的同伴去了哪里，发生了什么。

——《马比诺吉昂》第三分支

  神话和寓言一样飘忽而难以捉摸。现代的恐怖电影，无论是关于吸血鬼、鬼魂还是复活的埃及木乃伊，都是可以接受的，因为它们允许人们在一个相对安全的环境中探索人性中最黑暗的部分。在某种意义上，关于神话我们也可以这么说，然而神话要比恐怖电影复杂得多。这其中，部分原因是神话几乎总是关于宗教信仰，还经常涉及魔法；另外也是因为神话中蕴涵着许多人类最为关心的问题的答案。我们是谁？我们为什么会在这里？我们的世界为什么会是这个样子？世界是如何被创造出来的？我们死后会发生什么？神话同样也会探究关于各种"入会仪式"的主题：出生、青春期、婚姻和死亡。某些神话——特别是来自凯尔特世界中的那些——尤为关心道德问题：善与恶、贞洁、暴力、强奸和背叛、战争和伦理、性别角色、少女和母亲的身份、男子气概、理想的男性和女性行为，等等。

在那些无法用理性解释回答以上问题的社会中，神话就会蓬勃发展。神话故事是象征性的，它们会以一种易于理解的方式探讨这些问题。神话可以用来解释创造、自然现象和自然灾害（如洪水、干旱和瘟疫）、昼夜交替的奥秘、天体和四季的轮回。它们经常与所谓的"神圣者"的梦境和看到的异象联系在一起——"神圣者"是一群有能力预知未来、感知超自然世界的男女。神话传说的世界里住满了神祇和英雄，这些故事讲述超自然世界和物质世界之间的关系。它们可以为过往民族的离去提供神圣层面上的解释，这些民族已然消失，只留下了废弃的纪念碑和墓葬，以及房屋和公共集会的场所。它们也能解释不同社群之间敌意的缘起和领土的争端。最后，神话常常还是非常令

灵之小径

> 之前从来没有人能在沼泽里行走，直到奥凯德命令他的手下着手修建这条堤道。那些人将他们的衣服堆在一起，然后米迪尔就站在这个衣服堆上。接下来他们往堤道的下面填充砍伐下来的树干，米迪尔站在一旁，催促着各组人员的劳动。
>
> ——《向埃泰恩求爱记》

考古学的发现帮助我们在神话故事群与它们的古代源头间建立起联系。公元前2世纪中叶，住在爱尔兰朗福德地区科利尔的一个社群在沼泽地上筑造了一座巨大的木制堤道，将沼泽两边的陆地连接了起来。通过筑堤所用木材的年轮判断，这些树木应该是在公元前148年被采伐的。在堤道的地基之下，埋着一个奇怪的半人半动物雕版画。考古学家推断这可能是为了祈求工程安全、道路坚固而被埋在这里的一个符咒。堤道的各个部分可能是由不同的人所建造的，肯定有某个部分没有完全建好，因为整个堤道上至少有一处缺口。

某些爱尔兰地区的神话会提到在沼泽上建造小径一事。在

人愉悦的故事，适于在寒冷的冬天围坐在火炉边讲述，消磨漫漫长夜。

•介绍威尔士和爱尔兰的神话•

威尔士和爱尔兰的主要神话，都是在8世纪到14世纪之间的中世纪手抄本中发现的。这些用散文写成的故事构成了爱尔兰神话在今天为我们所知的部分。这些文本中，最早的是阿尔斯特故事群，其中心作品是以阿尔斯特和康纳赫特两个地区之间的争斗为题材的史诗《劫掠库林之牛》。史诗中，双方的主要人物分别是伟大的阿尔斯特英雄库

神灵米迪尔和他的恋人埃泰恩的故事中，塔尔国王奥凯德给了这位神灵一个"不可能完成"的任务：在某片无法穿越的沼泽地中建一条小径。另外一个传说则讲述了两个社群试图从沼泽地的两头向中间建造堤道，但在合作中发生了争吵的故事。就在工程临近尾声的时候，这两个族群闹翻了，于是堤道就一直没有彻底完成。科利尔堤道就是这些传说中提到的那项工程吗？还是早期爱尔兰传说的讲述者有意将那些中世纪早期依然能看到的古代道路遗迹编织进了他们自己的叙事之中呢？

爱尔兰的一片沼泽上的堤道。建造于公元前148年，位于朗福德地区的科利尔。

呼兰和阴险卑劣的反派康纳赫特女王媚芙。历史上的阿尔斯特省在5世纪末的时候，就已经失去了其大部分的政治影响力。因而人们推断《劫掠库林之牛》的故事应该来自更早的时候，因为在其发生的年代，阿尔斯特还是一支很显赫的势力。我们所知的这首诗的第一个版本来自11世纪手抄本《赤牛之书》的残片，但其中使用的语言可能来自更早些的8世纪或9世纪。阿尔斯特故事群的另一个经典文本来源是11世纪的《勒孔黄书》。存留下来的另外两组故事——传说故事群和芬尼安故事群——均最早见于12世纪的版本。前者包含的故事种类最为丰富，其中包含了对异教神祇生动活泼的描述；而后者则专注于讲述同名英雄芬尼安的生平历险，芬尼安是著名的军事领袖，也是智慧的守护者。

威尔士神话则主要保存在两个故事集里：《莱德西白书》和《赫格斯特红书》。前者约成书于1300年，而后者则成书于14世纪晚期。其

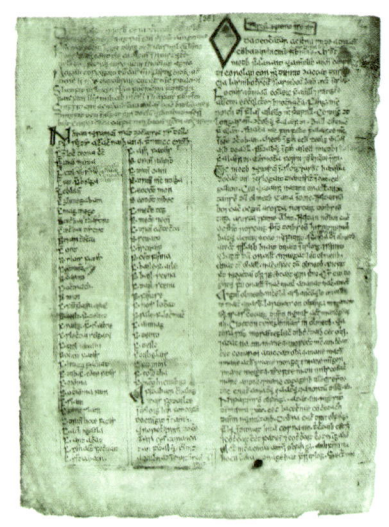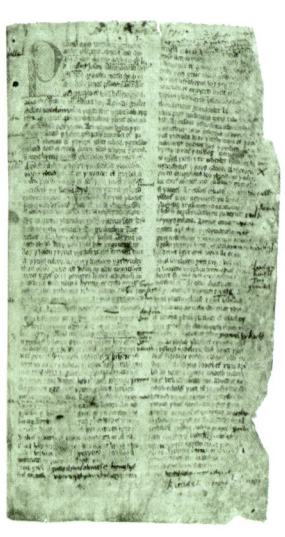

最早的爱尔兰和威尔士神话手抄本中的两页。左页来自《赤牛之书》，其中包含了我们所知最早的《劫掠库林之牛》文本。右页来自威尔士的《赫格斯特红书》，其中包含最早的《马比诺吉昂》抄本。

中包含神话内容最丰富的故事是《马比诺吉昂的四个分支》(或统称为《马比诺吉昂》)和《库尔威奇与奥尔温》。其他故事中也有另外一些重要的材料,包括《皮尔杜》《罗纳布伊的梦》,以及一个残缺不全的故事《安农的战利品》。神话的另一个分支主要是关于亚瑟王这一英雄人物,以及他和他的骑士寻找圣杯的历险。这部分内容主要见于中世纪法国的亚瑟王骑士传奇,其中最著名的作者是克雷蒂安·德·特鲁瓦。亚瑟在威尔士神话中也多次出现,特别是在"库尔威奇与奥尔温"和"皮尔杜"这两篇英雄故事中。

• 神话的声音:"讲故事"的流变 •
—— 从口头表演到形诸笔端

凯尔特神话源自早期"讲故事"的口传文学传统,就像乐师会在一个个宫廷间走动,轮流愉悦其中的贵族,或是技艺精湛的手艺人会接受众多金主的委托,为他们打造崭新的盔甲或是精美的酒器一样,诗人和讲故事者也会到处推销自己的本行。他们中的很多人是云游各处的表演者,在其途经的路上就会将相同或相似的故事传播开来。另一些则与中世纪宫廷中的小丑类似,他们属于特定的宫廷或家宅,这些人的故事会具有更多的本地色彩。但总体而言,因为故事只存在于人们的脑海中,所以它们会逐渐发展变化,也会调整自身以适应各时各地的情境,因此没有哪两次的讲述会是完全相同的。比如,从远方云游而来的讲故事者,或许会为了本地群众能更好地欣赏其表演,而将本地的某些风景和地貌——山峦、河流、树木等——编到自己的故事中去。这些神话故事是有着自己的生命的,它们会随着时间的推移而不断变化发展,也会因讲述者的不同风格和技艺以及听故事社群的经历而被修饰成不同的模样。

"我们的习俗是这样的,老爷,"格温迪昂说道,"在我们来到一个大人物家中的第一夜,会由最主要的那个诗人讲故事。我很乐意开始表演。"在讲故事方面,世界上没人能比得上格温迪昂。那天晚上,他用滑稽有趣的故事和轶事引得整个宫廷阵阵发笑,到最后每个人都为他的魅力倾倒了,普雷德里也很喜爱与他交谈。

——《马比诺吉昂》第四分支

中世纪的故事讲述者在威尔士语中被叫作"cyfarwydd",理解这个词的意义,对于理解讲故事者在社会中的角色和地位至关重要。因为

神谕石

被称为"坦德里吉偶像"的铁器时代雕像,出土于阿尔马赫郡。这很可能是一个早期爱尔兰讲故事者的形象。

前基督教时代爱尔兰和威尔士的这些石刻雕像可能代表着正在行使其职能的讲故事者。这些雕像刻画了人类的头像,其中很多人像的嘴巴大张,像是正在讲话或唱歌。其中一个很独特的雕像出土于爱尔兰阿尔玛赫郡纽里市,被人们称作"坦德里吉偶像"。雕像塑造的是一个正在讲话的人的形象,他长着厚厚嘴唇的嘴巴大张着,而且似乎戴着一顶饰有牛角的头饰;右臂横在胸前,呈演说者的典型姿势,而手中抓握的可能是某种有魔法力量的石头。一种很有吸引力的解释是,将其视为某种先知或萨满,佩戴的动物徽记指向他可能具有的变形能力,可以与诸神交流,从而在其社群中散播来自神灵的智慧。传统上,萨满经常使用动物的形象,因为他们被

1 口口相传：传说的生成

这个名字包含一系列不同的含义：向导、知识渊博者、专家、有洞察力的人。讲故事者力量的强大就在于他或她守护和管理着传统、智慧和先祖的知识，而这些正是一个社群的凝聚力之所在，是它们赋予了社群的共同世界观以深度和意义。成为一个讲故事者，绝不仅仅要求你能背诵并且复述一个好故事，你的故事还必须要经过精心设计，包含丰富的深意。

关于讲故事表演实际上是一种什么样的情形，我们现在很难知晓了，但有时我们也能窥见些许作为职业故事讲述者的体验。他们所讲的故事文本本身极少能传达出这种体验，但在《马比诺吉昂》第四分

罗马不列颠晚期砂石张口头像，发现于威尔士东南部卡尔文特，可能是一枚"神谕石"。

认为与异世界存在紧密的联系。因此萨满就经常穿戴用兽皮制成的斗篷或牛角。我们并不能精确地判定坦德里吉偶像的年代，但它很可能是铁器时代末期或中世纪早期的作品。

威尔士也有自己的古代"神谕石"。位于威尔士东南部的古罗马时期城市卡尔文特曾是志留人的首都，志留人曾在1世纪中期顽强地抵抗过罗马人对其领土的入侵。这个城镇较晚时候才发展起来，其大部分公共建筑都建于4世纪。城中某富人宅邸的花园尽头有一座小神祠，神祠中矗立着一座砂岩雕成的头颅塑像，也是大张着嘴，像是在讲话或歌唱的样子。很容易想象，前来这个小小圣所的访客，会从这个富有魔法力量的石雕头像口中听到神灵的话语。

支中,曾有过那么一个瞬间可以让我们短暂地瞥视故事讲述者们的内心世界。魔法师格温迪昂来到威尔士领主普雷德里位于泰菲谷罗德兰(Rhuddlan Teifi,在威尔士西部)的宫廷,请求作为故事讲述者献上自己的表演。他整个晚上都在用自己的技艺给宫廷中的人们带去欢乐,并被宣布为"所认识的讲故事者中最出色的一位"。所有侍臣都热情地设宴款待他,领主普雷德里也不例外。

中世纪威尔士的故事讲述极为接近诗歌,故事讲述者时常也具备诗人的身份。当然现代读者只能通过文本形式的记录来接触这些故事,但即便如此,我们仍然能够从这些故事被讲述的方式中察觉出它们源自口传文学的迹象。故事中每一节都很短,并且自成一体,以便听故

必要的怪物们:从神话中的动物园到《星球大战》的酒馆

然后他们变成了两个战士,互相劈砍。

然后又变成两个幽灵,彼此恫吓。

然后又变成两条龙,向对方的土地上喷吐雪片。

他们倒在地上,又腾空飞起,变成了两条蛆虫。

其中一条进入了库兰的可隆河,在那里被费齐纳之子戴尔的牛喝下了肚子,另一条进入了康纳赫特的加拉德井,媚芙和艾利尔的牛喝下了它。

就这样,白角牛费恩宾纳赫(Finnbennach,这个词的意思即为"白角的")和库兰的黑牛诞生了。

——选自《劫掠库林之牛》

豪尔赫·路易斯·博尔赫斯的文集《幻兽辞典》(1957年版)中提出过这样的观点:神话传说中总是会有怪物的身影,因为真实的动物是人类经验中一个极为深刻和意义重大的部分,而怪异的动物是真实与想象的结合体,构成美梦和噩梦的材料。古典神话中将人和马的身躯融为一体的半人马兽,在凯尔特传

事者（以及讲故事者自己）记忆。其中使用的词语和表达多有重复，也是为了令人印象深刻。另外一种手法也能起到同样的作用，即"姓名标签"，通过使用和解释具有特殊含义的人名和地名来强化记忆。此外还有对数字的使用（最常见的数字是"三"），这些数字本身就带有某种魔力，同时又能起到架构和强化叙事的模板作用。

威尔士的故事通常有丰富的对话成分，因而在讲述时需要用不同的声音来描摹从怪物到少女，从年迈的智者到小男孩等一系列角色，甚至还需要模仿各种野兽的嘶叫和低吼声。故事里还常有声调优美的名字和物品的清单，需要被抑扬顿挫地大声念出。对话中有诗歌的韵律，回答中会重复所回答的问题，宣告接受命令时经常把命令本身再

德国莱茵海姆的一个墓葬中出土的4世纪酒壶上的人头马身铜像。

说中也有其对应物——威尔士的牝马女神里安农。克里特岛丑陋的牛头人身怪弥洛陶诺斯则可以被视为爱尔兰神话中阿尔斯特和康纳赫特牛战士的源头，这些牛战士有着人类的语言和智力；据说威尔士传说中被施过魔法的野猪怪特罗伊特也与弥洛陶诺斯的形象有关。博尔赫斯甚至进一步提出，怪物对于人类社会是"必要"的。在今天，那些对异世界的可能性心驰神往的人们，也构想出了星际怪兽的形象，其中最显著的例子可能就是《星球大战》中的酒馆，天行者和索洛在里面遇到了来自宇宙各个角落的怪异和神奇的生物。这些都是我们的现代神话创造出来的。

次重复一遍,这些都是帮助听众理清叙事脉络,加深记忆的手段。

然而正是超自然力量和神灵元素的存在,使得威尔士和爱尔兰的中世纪传说不仅仅是口述诗歌,更进入了神话的范畴。爱尔兰的散文体故事看上去像是被形诸笔端的上古传说,其中异教泛神论盛行,神灵的力量弥漫在天地万物之中,无所不在。而在威尔士的故事版本里异教泛神论的元素则没有那么显著,实际上,其中还曾多次提及基督教的上帝。不过,如果我们剥离表面现象,去考察其内核的话,这些故事的深处也潜藏着许多与基督教传统相异的斑驳复杂的形象:具有超自然力量的人物、神灵、萨满、可以随意转换形态的存在等等。

• 神话的艺术和艺术的神话 •

某些器物方面的证据,能帮助我们填补在传说中这些故事群的上古起源,与中世纪早期才形成的书面记载之间缺失的环节。由于早期居住在欧洲大陆和不列颠岛上的凯尔特人尚未发明文字,因此在中世纪早期之前,不存在记载这些神话传说的文本证据。如果我们想得到任何能证明早期的神在铁器时代和罗马统治时期确实广为传播的证据的话,唯一可以追溯其痕迹的地方就是所谓的"叙事性"图像,其中包含多个相互关联的,似乎在讲述同一个故事的图像。但即使辨认出包含这些图像的器物之后,我们对其可能具有的意涵也最多只能猜测。

哪怕只是瞥一眼任何一本关于凯尔特艺术的书,你都会在其中找到许多充满奇思妙想的传说生物,它们全都能在现实世界中找到原型,但它们被呈现的手法,用20世纪的术语来说,堪称超现实主义的了。头上长着山羊犄角的蛇,三张脸孔的人,三只角的公牛,人头马身的动物,带着鹿群头领巨大鹿角的人,而人的头颅则是其中最显眼的意象。

凯尔特艺术的黄金时代是公元前 5 世纪到前 1 世纪之间。但在不列颠的西方和北方边陲，甚至在进入罗马时代之后很久它仍然方兴未艾，繁荣至少持续到了 2 世纪以后。至于几乎完全不受罗马文化传统影响的爱尔兰，其本土的艺术风格即使在基督教传入后仍然得以保留。以中世纪早期的泥金装饰手抄本和石质十字架等形式表现出来的爱尔兰本土基督教艺术，包含了很多直接沿袭自异教神话元素的意象和表现手法：数字"三"，人的头颅和怪异而杂糅的生物。毫无疑问，这意味着爱尔兰凯尔特艺术的最后一支，与刚刚诞生的神秘主义文本曾经在同一时空中并存过。

• 神话的母题 •

故事讲述是一种口头叙事的技艺。讲述凯尔特神话故事的人经常会使用某些叙事方法，或是重复出现的主题，因而随着我们对这些故事的探究进一步加深，某些模式和母题会一再浮现。这些元素绝不仅仅作为它们源自口述传统的标志而存在，它们还能向我们展示，生活在当时社会中的人所最为关心和忧虑的事情是什么。关键的一点是，这些传说故事的许多主题，都能与考古学家发现的器物证据互相印证，正如以下三个例子所显示的那样。

有魔力的坩埚

一天，我正在爱尔兰的土地上打猎，在一座临湖的小土丘顶上，那片湖被叫作"坩埚之湖"。在那里，我看见一个长着金红色头发的大块头男人，背上背着一个坩埚，从湖中走了出来。那个男人看上去十分凶恶恐怖，身材魁梧，浑身上下的气派活像个剪径的强盗，身后还跟着个女人。要说他的块头就已经算大了，好家伙，那女人足足有两个他那么壮。这俩人径直走过来和我打招呼，"这女的，"其中那个男人说道，"一个半月之后就要怀上个孩子，而且她要生的这个男孩一从娘胎出来，就会是个全副武装的战士。"

——《马比诺吉昂》第二分支

爱尔兰和威尔士神话所共享的一个贯穿始终的元素，就是"魔法坩埚"——一个能够使死人复生，并能提供无限食物的神器。爱尔兰传说中的神灵达格达（这个名字的意思就是"好神"）拥有一个巨大的、永远不会枯竭的坩埚（见171页）。位于爱尔兰传说中的异世界筵席核心的，也是一口可以源源不断地倒出食物的坩埚（见90页）。另一个与坩埚有关的爱尔兰传说和国王的神圣身份相关联：每个新继位的阿尔斯特国王都需要一边在坩埚中沐浴，一边吃下在此前的婚礼仪式上和他象征性"结为夫妇"的白色母马煮成的肉和汤。

坩埚神话在"凯尔特之池"的两边都有广泛流传。在《马比诺吉昂》第二分支中，女主人公布兰温的兄弟赠给她的丈夫，爱尔兰国王一口神奇的坩埚，它可以让死人复生。而爱尔兰国王则回答说他自己之前就对这口坩埚有所了解，它其实最早就是出自爱尔兰的。从这个故事中我们可以清晰地看到，这个容器来自异世界（见上面的引文），而它与重生的关联，正如达格达的坩埚故事显示的那样，也印证了这一论断。

考古学家在爱尔兰、苏格兰和威尔士都发现了许多被放置于沼泽或湖水中，作为仪式道具使用的坩埚，这么做似乎是因为古代人相信坩埚和水之间存在联系。早在公元前700年，与许多其他器物一起被放置在南威尔士远端的林沃尔湖中央的，就有两只造型精美，由青铜片压制的坩埚（见173页），这些器物可能最初被置于湖中的一个圣所里，以供四面八方的朝圣者前来祭拜。因为自然的水域和盛水的容器都有使人恢复健康和生机的能力，因而坩埚与水的关联就是顺理成章的了。

制成于 1 世纪的古德斯特拉普坩埚是目前所知的铁器时代器物中最为壮观的一件。这个坩埚之所以能够引起我们特别的兴趣，是因为它很有可能是被用作神话叙事的载体的。坩埚上面的图像构成了一幅复杂而彼此相互联系的叙事图景。坩埚于 1891 年在日德兰半岛中部被发现，由银片压制而成，表面镀金并饰以浮雕图案，可以盛装约 130 升的液体。这是一个罕见的考古学发现，因为它的价值显然很高，而且其上装饰的性质显示它是一个用于最高级别宗教仪式的圣物。坩埚由七枚外接片和五枚内接片外加一个底盘组成，人们发现它的时候，它处于被刻意拆解、妥善收纳的状态，并被藏在一个偏僻的泥炭沼泽中。

五个较大的内接片各描绘了一个复杂的场景。在第一片上，一支

赛瑞德温的坩埚

13 世纪的《塔利辛之书》中记载着这样一个威尔士神话故事，它讲述了一个关于魔法坩埚的动人传奇。无论是谁，只要从这个坩埚中吃过或是喝过东西，就能获得知识和灵感。坩埚的持有者是赛瑞德温，她有两个孩子：女儿赛瑞维（意为"光明或美丽者"）和儿子阿瓦格迪（意为"黑暗或丑陋者"）。为了弥补她儿子外貌上的缺陷，赛瑞德温在坩埚中烹煮了一种特别的药汤，阿瓦格迪喝下它就能获得终极的智慧。因为这种药剂需要煮上一年之久，赛瑞德温指派了一个年轻的男孩圭昂替她看着坩埚。在他照料坩埚的时候，三滴药剂溅到了他的手上，他没有多想就舔了舔手指上被烫到的地方，于是无意间得到了赛瑞格温本来要给阿瓦格迪准备的智慧。圭昂立即逃走了，而愤怒的赛瑞格温对他穷追不舍，这场追逐最终导致了圭昂重生为伟大的预言诗人塔利辛。

公元前 1 世纪镀金银质坩埚，上面的浮雕描绘了神灵和神话场景，发掘于丹麦日德兰古德斯特拉普地区一片沼泽中的干燥地带。

凯尔特军队正在进入战斗，战死的将士们被某个超自然的存在浸入一个坛子里，随即复生。一条长着羊角的蛇在监视着这一切，其杂糅的外形很可能表示它扮演的是沟通两个世界的角色。第二个场景中有一个长着鹿角的神灵，他统领所有动物，几只野兽伴于身旁，其中包括一头雄鹿和另一条长着羊角的蛇。第三片则刻有一个带着太阳轮的天空之神，身边围绕着一圈怪异的动物，有一只半是鬣狗半是豹子，其他的虽然长着四只脚，却又有长而弯曲的喙和翅膀，另外还有一条羊角蛇。第四片则由三幅相同的神圣狩猎场景组成，其中三头野牛即将被杀死，很可能是出于献祭的目的。而第五片则描绘了一个驾着马车的女神，身侧环绕着其他梦境般的动物，包括两只很奇异的形似大象却长着豹子斑点的生物，还有更多有喙和翅膀的兽类。

外侧的七个银片上的画面就没这么复杂了。如果大些的内层接片描绘的似乎是有关某种宗教仪式的叙事场景的话，外侧接片则似乎更专注于逐一展现凯尔特诸神的形象。上面绘制了一整排男女神灵，每个神的个体身份由不同的体态外形、发式以及串珠的不同风格来体现。与描绘动态场景的内侧图案不同，坩埚的外侧图案全都是静止不动的人像，

1 口口相传：传说的生成

古德斯特拉普坩埚的底盘。上面描绘了一头垂死的公牛正受到一个比它小很多的人的攻击。可能是献祭的场景。

他们无一例外地朝外直直盯着观看者，身边还装饰着小一些的人和动物的图案。底盘上刻着的东西又与两者不同，其中心是一头巨大的垂死的公牛，很可能是头野生的原牛，被一名猎人或祭司用来献祭。

古德斯特拉普坩埚似乎既叙述了一个神话故事，又展示了一组神灵的形象。关于这些画面的确切意思，以及画与画之间的关联，我们只能做出猜测。很明显的是，有几个在不同画幅中一再重复出现的母题，显然是为了在画面之间建立联系而设的：其中最能说明问题的可能就是那条长着羊角的蛇了，它在三个接片上都有出现。这条蛇的形象，和那个鹿角的人形一样，都绝不是这只丹麦坩埚所特有的，最早在罗马统治时期高卢-不列颠的很多本土雕塑上，就常有它们的身影。这暗示着有一组共同的关于宇宙创世的故事，以碎片的形式辗转从罗马占领时期的不列颠、高卢和莱茵兰等地分别流传了下来。

古德斯特拉普坩埚上的图像会是怎样讲述一个故事的呢？很有可能的一种猜想是，它们与古希腊陶器上绘制的神话场景起到的作用相似，即作为宴饮时聚焦人们注意力的道具。我们能够想象，某个吟游诗人坐在炉火旁的人群中间，把这个坩埚当作替他讲述传说故事的一个工具。坩埚上的浮雕图像在闪烁不定的火光中仿佛活过来一般,而故事讲述者继而就会为坩埚赋予它自己独特的声音。底盘上垂死的公牛会给故事的讲述增添额外的戏剧性,因为公牛的头上有两个孔洞,供人们插入可拆卸的活动牛角(很可能是由真正的牛角制成)来为坩埚注入液体(可能是血或酒),形象地演绎一出献祭和重生的戏剧。

数字"三"的魔力

> 库呼兰到达了弗格尔的堡垒,用他招牌的鲑鱼跳跃,跃过三重围墙进入了要塞的中心。在堡垒的中心,他向三个九人卫兵小队各使出了一击,每一击都杀死了八个人,只有每个小队站在最中央的那个人活了下来。活下来的这三个人就是埃默尔的三个兄弟:斯巴尔、埃博和卡特。
>
> ——《劫掠库林之牛》

神话中另外一个反复出现的母题就是对数字"三"以及"三个一组"的事物的信仰。在爱尔兰和威尔士的神话传统中,"三"似乎都是一个神圣的数字。在爱尔兰传说中,战争女神是三位一组的(就像莎士比亚《麦克白》里的女巫一样),她们有好几个名字:摩莉根纳(其单数形式是"摩莉甘"),巴德或是玛恰;手工艺之神也有三个:戈伊布尼乌、卢奇达和克雷德尼。爱尔兰本身的人格化形象也被呈现为三位女神:埃立乌、芙德拉和斑瓦。阿尔斯特英雄库呼兰将头发编成三束发辫,杀死敌人的时候也总是三个三个地杀。在关于杀害国王的故事中,国王会以三种方式被杀:刺死、烧死和淹死。对数字"三"的热衷在威尔士传说中也同样有所体现:《马比诺吉昂》第二个分支中,布兰温被描述成"不列颠三位最著名的少女之一";而在同一个故事中,布兰在即将死去的时候对他的追随者们提到里安农的三只歌鸟;在第四个分支中,魔法师格温迪昂向他背信弃义的兄弟吉尔韦绥下了三重诅咒,让他的三个儿子分别变成了三种野兽：狼、鹿和野猪。

和坩埚一样，"数字'三'具有特殊意义"这个主题在铁器时代及罗马时期的不列颠和爱尔兰也是非常显著的。很多石头上都刻着三个头颅：爱尔兰卡文郡科里克发现的石柱上，刻有一个长着三张面孔的人头，而位于罗马不列颠什罗普郡罗克赛特市的一座雕塑则呈现了三个一模一样的连在一起的头颅。"三副面孔的神灵"这一传统形象绝不仅仅局限于爱尔兰和不列颠境内，在高卢，尤其是其中的勃艮第和雷米的首府兰斯也很常见。除了这些三头生物之外，神灵也常常以三个一组的形式出现：在罗马不列颠，对三位"母亲女神"的信奉遍及各地；三个奇怪的带着兜帽的形象——被称为"genii Cucullati"，即"戴帽子的精灵"也经常出现在雕塑作品中。

我们只能猜测数字"三"在凯尔特神话中的具体含义是什么，但它在这一尚未有文字记载的时代的考古记录里出现得极为普遍，因此

在科伦尼姆（今塞伦赛斯特）发现的三女神浮雕。

科里克的"观看之石"

约公元前 4 世纪到前 1 世纪之间,爱尔兰卡文郡科里克的某位石匠拿起一块石料,并将它雕刻成了一个人的头颅。这个头颅并不是什么传统意义上的人像或是神像,而是一个具有高度象征意味的物体。因为这个头颅的雕塑者精心地在它的三个不同方向上雕刻了三张一模一样的脸。每双眼睛都看向一个不同的方向,似乎在朝着三个方向同时扫视着周围的事物。数字"三"对石雕的制造者和使用者来说,究竟有什么重要意义呢?

科里克头像从不是任何雕像的一部分,它就是作为一个独立的、没有身体的头颅雕塑而存在着。英格兰和苏格兰也出现过其他类似的三面头颅石像,因此科里克的这尊绝不是凭空产生的,而是位于一个存在于广大范围内的传统之中的。头颅本身,和三张面孔构成的双重象征,共同体现了铁器时代的宇宙观密码,其中这个意义深刻的物品既表达了神圣的力量,又使这种力量为我们所用。这个形象可能代表着某位神祇,但它也完全有可能发挥着与托尔金笔下的"palantiri"(或"真知晶球")相似的作用——用来透过它看到时间或空间上与我们相隔甚远的地方发生的事情,从而赋予那些可以读取其中信息的祭司或魔法师强大的魔法预言能力。

爱尔兰卡文郡科里克发现的铁器时代三面石雕。

我们可以合理地推断，后来出现的神话文献对这个数字的迷恋是有其历史渊源的。在爱尔兰涉及"三女神"的故事中，如摩莉甘的故事，很明显的一点是，只有一个真实的位格存在，尽管她有时具有三重表现。神话对数字"三"的热衷无法仅仅用"通过重复起强调作用"来解释，因为这个数字较之于任何其他数字，存在感都过于突出，也过于被偏爱了。"三"是一个神圣的数字，具有丰富的象征意义和魔力，最初很可能是源自"过去、现在、未来"这三个领域，或是像许多"现代"萨满传统那样，代表着包含上层、中层和下层世界的三重世界观体系。

会讲话的头颅

康诺尔·卡纳赫是出现在阿尔斯特故事群之《劫掠库林之牛》中的一位具有超自然能力的英雄。他在抵御康纳赫特及其领袖媚芙女王的战斗中表现十分英勇，后来在战斗中被斩首。他的头颅巨大，可以装下四个成年人，四头小牛，或是两个坐在轿厢里的人。康诺尔的头骨显然也有和"丰饶坩埚"相似的魔力，因为中了虚弱诅咒的阿尔斯特战士一喝下康诺尔头骨里盛装的牛奶，失去的力量就会回来。除此之外，康诺尔与头颅的关联很不一般，他还有一个（肯定让人相当不适）的习惯：每晚睡觉的时候，膝下都要放一个康纳赫特敌人被斩首的头颅。

《马比诺吉昂》第二个分支的最后一个场景描述的是布兰温的兄弟，英雄布兰的死亡。他在爱尔兰和威尔士的大战中，被爱尔兰人的一支淬了毒的标枪射中脚部而死（这让我们想到希腊英雄阿喀琉斯在特洛伊战争接近尾声的时候被帕里斯的毒箭射死的情节）。布兰临死前向他的手下提出了一个奇怪的要求：让他们将自己的头颅割下来，带去伦敦的白山埋葬，并且脸要朝着法国的方向，这样他就可以继续保护不列颠免受大陆势力的入侵了。另外，他还告诉手下的战士们，他的头颅在从尸身上切掉之后不会腐坏，而是会像它的主人生前一样与他们为伴，直至入土。

以上只是从众多有关人头及其超自然力量的神话传说中选取的两个而已。像坩埚的故事一样，对被砍下的头颅的魔力的信念很可能也来源于史前时代的仪式和信仰。铁器时代的爱尔兰、不列颠和欧洲居民似乎都对人类头颅怀有特别的崇敬。考古学证据向我们揭示了这种崇敬的部分表达方式：在石头和木制品上雕刻头颅的形象；在铁器时代的金属器物上装饰头颅的象征物；以及常常在一些特殊的地方，如井口、河流和神庙中埋藏人的头颅。

禁忌与诅咒

> 这些是你需要遵守的禁令：你不准逆时针绕着塔拉走，也不准顺时针环绕布雷加；你不准追逐科内的野兽；每隔八天，就有一天不准离开塔拉；你不能在日落后从窗外还能看得见火光的房屋中过夜。
>
> ——《鞑德嘎旅店》中尼姆格兰对康奈尔·默王的指示

爱尔兰中世纪传说《劫掠库林之牛》中叙述了媚芙女王派一群吟游诗人和讽刺作家去袭击阿尔斯特贵族弗迪亚的故事。他们的言辞可以在字面意义上被用作武器，卷起沙尘打击对方的面部，造成肿包和皮疹。言辞有致人受伤的力量这个主题是吟游诗人故事的经典题材，迟至15世纪的文献中仍有出现：当时的一首诗中记载了一个诗人的庄稼被人焚毁了，于是他威胁别人，自己的言辞有使其面部灼烧的效用。燃烧着的麦田被比作纵火犯被诅咒而烧起来的面庞，但诗人貌似至少部分受到了基督教宽恕精神的影响，因为他后来并未将自己的威胁付诸实施。

诅咒是爱尔兰神话中一个常见的要素。"gessa"（译注：gessa是复数形式，单数形式为geis）这个词被翻译成"禁制"可能更为恰当，是命人不要去做某些行为的警告。人们拒绝听从这些警告，一意孤行的

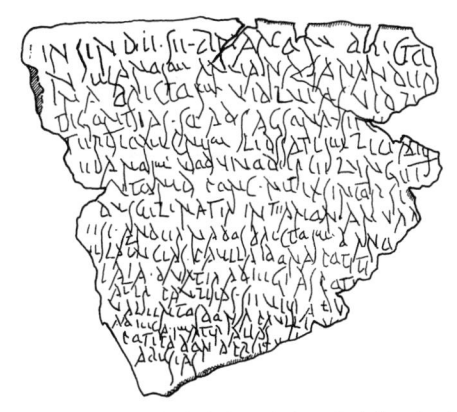

来自法国南部拉尔扎克铁器时代诅咒碑的一部分。

做法，才使诅咒得以成真。我们将在阿尔斯特英雄库呼兰的故事中看到这种情节的一个范例（参见 94—100 页）。还有另一个故事也以一系列禁制作为其核心：《鞑德嘎旅店》叙述了阿尔斯特一个名唤康奈尔·默的国王如何被下了许多禁制的故事，其中最严肃的一个禁制是他永不许杀死鸟类。这条禁制因他被孕育和出生的方式而来，其标志是在他母亲的屋子里出现的一只飞鸟。除了这条与鸟有关的诅咒之外，康奈尔的其他诅咒都与其国王身份紧密相关，许多都是为了限制他的王权而存在。例如，它们限制了他在他的国土之外停留的时间，命令他的手下不准劫掠等等。然而，后来康奈尔还是因为没有遵从最开始那条不许杀鸟的禁制而丧了命（见 117 页）。

禁制在故事讲述中扮演了重要的角色，因为讲述者在故事的一开始就引入诅咒，可以让听众预期到此后将有厄运降临在人物身上。因此禁制就成了一种能够让听众保持兴趣的叙事策略。我们完全可以想象，一个故事讲述者会在情节发展到千钧一发的时刻戛然而止，让听众们怀着对故事将会如何收梢的热望，迫切地期待着"肥皂剧"的下一集早些上线。

• 与超自然力量有关的恐怖故事 •

某些凯尔特神话故事即便现在读来也会令人时时脊背发凉，而如果由熟练的讲故事者向围坐在黑暗中，只有从偶尔闪烁的火光中才能得到些许安抚的一圈听众，用低沉可怖的声线讲述的话，一定会产生更为惊悚骇人的效果。爱尔兰故事《鞑德嘎旅店》中有一部分描绘了一位地狱女神噩梦般的显现。故事的标题本身就足以让听众做好被惊吓的心理准备："鞑德嘎"的意思是"红神"，而红色是地下异世界的标志性颜色；"旅店"是异世界的一个所在。整个故事的题材就是康奈尔王的被杀——他冒险作为一个凡人进入鬼神和精灵的领域，这无论何时都是一个风险很大的行为。不幸的康奈尔王的故事从一开始就伴随着厄运和诅咒，而当时的听众对此并不陌生。他因打破了不得杀鸟的禁制而死，而且很重要的一点是，他杀鸟的时候是十月底的萨温节，也就是今天的万圣节在爱尔兰异教中的对应物。萨温节是个特别危险的时节，因为这时正值旧年与新年交界之时，是一段"不存在"的时间，此时整个世界被颠倒过来，各种神鬼精灵也来到地上，混在人群中游荡。

在描述来到旅店的丑陋访客时，《鞑德嘎旅店》故事的讲述者充分利用了其角色赋予他的自由发挥空间，创造出了他能想出来的最为怪异、令人噩梦缠身的形象：她是假扮成老妇人的死亡女神，颈上绕着绞索，身着条纹长袍，有长长的黑色的腿，及膝的胡须，嘴长在头颅的侧面。她单脚站立，口中讲着一些预言。她在太阳刚落山的时候来到旅店。这些描述富有浓厚的象征意味，而其中的象征元素必然是为听众所熟知的，因为所有的意象都指向不稳定而怪异骇人的异世界：老妇人这一身份的性别晦涩性、扭曲的五官、夜一样漆黑的肢体、单脚站立的姿态和双色服饰，都提示着人们，她是一个可以跨越宇宙中不同世界间界限的存在。她现身于昼夜交替、年份更迭之时这一点，也进一步强调了她的"跨界"属性。通过这些意象的堆叠,故事讲述者充分地向他的听众传达了邪恶危险的意蕴,"人"与"鬼怪"不自然的杂糅,并在他们这一预期的基础之上,将故事惊悚骇人的氛围推向高潮。他们的预期是不会落空的。康奈尔因为没能守住杀鸟禁制而死,并且即使在他死后,故事的超自然色彩仍然没有消退,因为他被斩下的头颅仍然会开口赞颂为他报仇的人。

· 2 ·
神话编织者

  据说，接受训练的德鲁伊要在那里学习背诵很多诗篇，有人竟因此留在那边学习达二十年之久。虽然他们在别的一切公私事务中都使用希腊文字，但他们却认为不应该把这些诗篇写下来。我认为他们采取这种措施有两种用意，一则他们不希望这些教材让大家都知道，再则也防止那些学习的人从此依赖写本，不再重视背诵的工夫。

——恺撒，《高卢战记》第六卷第 14 章

  神话要被创造出来，需要有个体塑造故事，并传播和整理它们。凯尔特神话呈现出特别的复杂性，因为它们无疑是在文字出现很久之前就诞生了。在威尔士和爱尔兰铁器时代——在威尔士是大约公元前 700 年至公元 1 世纪，在爱尔兰是 6 世纪之时——的大部分时间里，他们并没有文学传统。这就意味着，虽然神话故事在最初被构造出来时一定是在没有文字的情况下流传下来的，但这些故事的写作编纂却是在它们存在的较晚阶段进行的。

· 口述与书写 ·

  将神话故事或任何其他故事转变成有形记录都会改变它们，因为

这种将它们编纂成文的行为，会定格它们，使它们变得不那么有机。写作只是有形记录中的一种形式，另一种是将其形诸图像，无论是以雕塑还是绘画的形式。许多有着很强口述传统的文化，例如南非的萨恩人和澳大利亚的土著人——随便举两个例子——无论是过去还是现在都选择致力于将他们的神话用岩石艺术的形式表达出来。即使刻在岩石上，也仍然可以对神话的内容进行改动，因为人们可以用新的画覆盖旧的，或是增加图画画板。在古代欧洲的加利西亚、意大利北部和斯堪的纳维亚等地区发现的复杂石刻无疑记录了宇宙学知识和神圣的故事，尽管现代学者无法理解它们。然而，值得注意的是，几乎所有神圣的岩石艺术，无论来自古代世界还是更现代一些的传统社会，都包含一些共同的主题，具体来说就是以半人半兽的形态出现的变形者的存在。当然，跨越如此广阔的时间和空间不可能存在任何直接的文化联系，但可以想见的是，身为人类所特有的困惑使得人们都倾向于表现超越了物质世界范畴的东西，或许他们会把动物看作进入精灵世界的媒介。变形者是凯尔特神话中常见的主角。

在中世纪威尔士的《马比诺吉昂》故事中，口头表达和书面叙述的元素错综复杂地交织在一起。事实上，很难辨别出两者的分界线在哪里。这是因为，即使在书面形式下，故事也是为了表演，而不仅仅是为了阅读。但即便如此，某些故事讲述的手法，其中最明显的是使用直接引语和重复，还是表明了其口述起源。威尔士故事中另一个引人注目的传统是用来增强戏剧性的时态变化。举例来说，在《皮尔杜》这个故事中，在描述皮尔杜前往亚瑟王宫廷的历史背景时，叙述时态采用的是过去时，之后突然转向现在时，以突出主人公到达时刻的戏剧性和直接性。这样做是为了吸引听众的注意力，让他们屏住呼吸，而讲故事的人可能也会改变说话的语气，以配合当下紧张的气氛。（下一页引语的上下文是一位无名骑士侮辱了亚瑟王的王后格温瓦法。）

2　神话编织者

他们认为没有人会犯下这样的罪行，除非他拥有强力和能量，或者魔法和咒术，以至于没有人能报复他。这时，皮尔杜骑着一匹瘦骨嶙峋、披挂整齐的老马走进大厅。（这里引用的两句话，前一句原文使用的是过去时，而后一句则是现在时。——译者注）

——《皮尔杜》

• 德鲁伊与口述传统 •

事实上，很多人往往因为有了文字的帮助，就把孜孜矻矻的钻研和记诵都放松了。

——恺撒，《高卢战记》第六卷第 14 章

词语有着强大的力量，当它们被大声说出来的时候尤为如此，因为这时声音和意义融合成一个强大的信息，可以被许多人同时分享。口述传统维护者的记忆必须惊人地长久而精确，还要能够记诵长篇故事，同时在讲述过程中添加一些点缀。听众们也会记住他们一生中反复听到的那些故事，并且毫不犹豫地指出错误或前后不一致的地方。

恺撒在他的《高卢战记》中提到了公元前 1 世纪 50 年代的高卢凯尔特人，他记载了他们的德鲁伊祭司制度，以及这些人在维护和传播口头教义中的职责。据他的说法，德鲁伊是高卢和不列颠的宗教权威，这些人不赞成把传统的内容形诸文字的做法。虽然他们能写字（事实上，他们用希腊字母记下了自己的账目），但他们认为使用口语教学有两个方面的优势：第一，他们认为有必要把知识传播的范围局限于他们所挑选的学生；第二，为了锻炼他们的学生记忆所学知识的能力。威尔士和爱尔兰神话文本的复杂性证明了口头语言的力量。虽然这些故事本身无疑会随着时间的推移而发生变化（而且这也是它们得以存

铁器时代晚期的青铜雕像，一个男人拿着一个像鸡蛋一样的物体，也许是一位德鲁伊的鸡蛋，这是一个用于预言的物体，来自法国的纽瓦文－恩－苏利亚斯。

活并与听众持续产生关联的原因），但重要的是，人们的名字和地点代代相传，神话信息的核心不会因为记忆中一些细节的缺失而丢失。

为什么口述传统对凯尔特人和其他古代社会如此重要？一个原因是，它可以给予个人和社区一种拥有根基的感觉。它解释了自然现象、景观特征、过去的纷争和灾害，并把它们放在一个人们可以联系和理解的框架内。口头言辞是非常直接的，而且最重要的是，它可以被大多数不能阅读的人接触到。在中世纪的威尔士和爱尔兰，学习和写作一方面是皇家和贵族法庭的专利，另一方面是神职人员的专利。而这些人所听到的神话和故事可以将整个社群联系在一起，给了他们共同的遗产和共同的身份认同。

恺撒《高卢战记》的第六卷包含了一个民族志的部分，其中他把德鲁伊描绘成具有广泛力量的宗教领袖。值得注意的是，这位罗马将军重点评论的是他们作为教师的能力，但德鲁伊的重要性在于他们与神明和祖先神灵世界沟通的深远能力。恺撒和很多其他同时代作家都强调了他们在各种预言方面的技巧，特别是占卜（一种进入神灵世界，并确定神灵意愿的方法)。

德鲁伊与神灵世界之间的密切联系类似于现代的萨满——包括西伯利亚萨米人和亚马孙人社区的传统——的力量。这种与神性的联系,再加上他们公认的作为演说家和口头传统维护者的能力,使得这些铁器时代的宗教导师成了创造神话这一工作的理想人选。

·三重吟游诗人模型·

出生于西西里岛的希腊作家迪奥多罗斯·西克卢斯和斯特拉波写作的时代正是尤利乌斯·恺撒及其继承人奥古斯都的时代。迪奥多罗斯的《世界史》共40卷,其中详细描述了高卢人,不过他的材料可能主要来自更早期的作家。斯特拉波的《地理学》中大部分内容也是从早期来源复制而来的。他们都提到了在高卢三个拥有学识的群体:抒情诗人,又称为吟游诗人,他们的角色是吟唱赞美诗和讽刺诗,同时自己用竖琴伴奏;先知,他们的责任是通过人祭来解释预兆和征兆,从而预测未来;还有德鲁伊,他们是哲学家和神学家。因此,虽然恺撒把所有这些神圣的职责和技能都放在德鲁伊的名目下,希腊历史学家却把他们分成三个不同的群体。

恺撒和迪奥多罗斯都同意,在高卢(根据恺撒的说法,英国也是如此)有一个负责宗教仪式、与神圣世界沟通和维持口述传统的高级群体。这三个群体都在神话的创造中起到了作用,包括那些与祖先有关的神话。传播关于过去的口头叙述有助于巩固和解释诸如山川河流等自然现象的存在。此外,前铁器时代社区的纪念碑,如墓葬和立石,都被编织进了神话的挂毯之中,从而为铁器时代的当下提供了文化脉络。

几乎与古希腊作家对高卢人三重有学识群体的结构描述相同的社

德鲁伊狄维契阿古斯

即使在野蛮民族之中,占卜系统也没有被忽视,因为实际上高卢也存在着一些德鲁伊。我本人就认识他们中的一员,爱杜依人狄维契阿古斯,他宣称自己熟谙希腊人称作自然哲学的那套知识系统,并能通过解读预兆和做出推断等方法预知未来之事。

——西塞罗《论预言》第一卷,90页

恺撒提到过他的朋友和盟友狄维契阿古斯,是勃艮第爱杜依部落的一名领袖。但是与恺撒几乎同时代的西塞罗在公元前60年与这位高卢酋长会面了,当时后者正在拜访罗马,希望罗马人可以帮助他对抗其敌人,即日耳曼的阿里奥维司都斯。西塞罗是一位谙于世故的罗马演说家和文学家,连他都承认,狄维契阿古斯的占卜技巧给他留下了深刻的印象:他可以通过举行一些仪式来预测未来和神灵的意志。狄维契阿古斯是恺撒的朋友,持亲罗马人立场。但他的弟弟杜诺列克斯却憎恨罗马,一心想着把征服者赶出高卢的领土。因为怀疑杜诺列克斯会在

会架构,在早期爱尔兰神话传统中就已经得到证实。宗教、占卜、教学和诗歌分别掌握在德鲁伊、地域诗人(filidh,特指在苏格兰盖尔语语境中的诗人。——编者注)和吟游诗人手中。到7世纪,在高卢人接受了基督教之后,大部分异教功能掌握在地域诗人手中。尽管首先受到基督教直接影响的是德鲁伊,但吟游诗人的影响力也减弱了(部分原因是地域诗人更强大了),而地域诗人作为教师、国王顾问、诗人、讽刺作家(当时的政治讽刺主义者)和传统维护者的作用却维持得更久。事实上,直到17世纪,在英国政府对爱尔兰旧秩序的无情打击之下,地域诗人才消失。

2　神话编织者

其离开期间煽动叛乱，恺撒"邀请"杜诺列克斯同他一起远征不列颠。杜诺列克斯以其宗教职责为借口抗议这一安排。因此我们可以看出爱都依部落的两兄弟都拥有神圣的权威。他们两个都有可能是德鲁伊，但却怀有迥然相异的忠诚。

这幅画展示了高卢部落领袖、占卜者狄维契阿古斯访问罗马的场景。

• 神、人、兽 •

早期的神话编织者——不管他们是德鲁伊、吟游诗人还是其他故事讲述者——都依赖他们想象神灵世界的能力。凯尔特神话和古希腊罗马的神话一样，都提到了人与诸神之间紧密共生的关系。神灵世界无处不在，故事中不断提到参与（和干涉）人类及其活动的神的存在。库呼兰一直被女性神灵的纠缠所困扰，她们中的许多人都想向他求爱。在他死时，他把自己绑在柱子上，这样他的遗体就不会在敌人面前低下头，而战争女神巴德，此时便化作渡鸦的形态栖息到了他的肩膀上。

在"现代"萨满教中，动物在物质世界和神灵世界之间起着重要

阿尔斯特的德鲁伊凯斯巴

> 孔赫沃尔这个男孩被凯斯巴抚养长大
> 人们都称他为凯斯巴的儿子。
> 白嫩的凯斯巴——高贵、纯洁、如珍宝般的人啊,他的德鲁伊法力已经纯熟强大。
>
> ——《劫掠库林之牛》

爱尔兰神话中的德鲁伊和他们在高卢和不列颠的先驱一样,主要从事占卜活动,以确定神灵的心意。凯斯巴就是其中一员,他是阿尔斯特国王孔赫沃尔的顾问,曾多次预言阿尔斯特人将遭遇的喜事或厄运。在某个9世纪的文本中叙述了这样一个场景:凯斯巴预言,孔赫沃尔国王宫廷中的故事讲述者费德利米德未出生的女儿迪尔德丽将是一个美丽的女孩,但她会在国中引发内部冲突,最终导致阿尔斯特人的死难和覆灭。

凯斯巴将占卜之术教给了年轻的英雄库呼兰和他的同伴阿尔斯特勇士们。这占卜之术包括指导他们如何解释诸神的预兆和日的媒介作用。它们常常被认为是"灵助",拥有跨越人界与灵界的能力。凯尔特神话的传统也是如此,动物——通常是鸟类或其他野生动物——在连接神与人的过程中占据中心位置。《马比诺吉昂》第一分支的开始援引神圣狩猎的主题,非常清楚地表明了这种联系(顺便说一句,这在威尔士故事叙述者讲述的故事中以及与其同源的爱尔兰文本的其他地方也有出现)。狩猎是神话编织者在世俗和神灵世界之间制造直接接触的一种手段:猎人是凡人,但他的猎物来自异世界。

在这个威尔士故事里,猎人是威尔士西南部阿尔伯思的领主普伊尔。他带着猎犬进入了森林,这时狗群嗅到了一只牡鹿的气味。等普伊尔带着他的狗找到鹿时,他发现另一群狗已经在攻击它了;这群狗看上去很奇怪,周身白得刺眼,并且有着红色的耳朵。在描述它们的子的吉凶，判断哪一天适合发动战争、选举新国王和缔结婚姻等等。凯斯巴做出的最著名的一个预言是：任何一个在某天第一次拿起武器的人都会在战场上屡建奇功，但也会英年早逝。这个预言应验在了库呼兰身上，他的辉煌人生和英年早逝与凯斯巴所预测的一般无二。

悲伤者迪尔德丽，为爱人尼舍的死而伤心落泪。
约翰·邓肯 1900 年的画作。

颜色时，故事叙述者利用的是另一个常见的凯尔特神话主题：来自精怪世界的生物通常有着红色或红白相间的外表。普伊尔催促自己的猎犬上前挑战，它们击溃了另一群猎犬，但就在这时，一个骑着灰白色坐骑的骑士从森林中走了出来，向普伊尔发起挑战，指责他毫无风度地偷窃他人的猎物。普伊尔懊悔不已，于是问对方能否为他做些什么来弥补自己的过失。陌生的骑士自称阿隆，是异世界安农王国的领主。普伊尔的赎罪方式是在一年零一天的时间里与阿隆交换位置，并替他击败其宿敌，另一个精灵-国王哈夫甘。从某种意义上来说，讲故事的人所做的是在叙事过程中让听众预感到重要事情的发生。一听到打猎的声音，听众就会立即意识到某种奇特的、与精怪和异世界有关的事情即将发生。动物——牡鹿和猎犬——是这次相遇的催化剂。

意大利北部卡蒙尼卡山谷发现的铁器时代岩画,描绘了一个半人半鹿的生物。

• 将早期神话写成文字 •

但是神话是如何从口头传播转变为书面表达的呢?考虑到中世纪爱尔兰和威尔士的教育仅限于宫廷和修道院,那么凯尔特神话是通过基督教教士或由他们教育的人勤劳工作传承下来的,也就不足为奇了。鉴于本章和上一章中提到过的许多叙述技巧,我们已经知道这些神话的诞生早于它们的文字记录了。此外,在这些神话——尤其是爱尔兰神话——中可以看出清晰而又强大的异教脉动,尽管事实上有相当多的东西是基督教教士加进去的反异教宣传内容;而且史前晚期象征主义的物质文化与书面神话中反复出现的主题有着惊人的相似之处。

用以证明这一点的是大量的考古证据,特别是图像学和铭文的证据,它们大部分出自罗马西部的高卢行省和不列颠行省(包括威尔士,但不包括爱尔兰)。虽然不可避免地受到很多罗马的影响,我们还是可

2 神话编织者

吉尔达斯

> 我就不逐一列举我的土地上那些恶魔般的怪物了,他们的数量几乎与困扰埃及的怪物一样多,其中一些我们今天可以看到,无论是在荒凉的城墙之内还是之外,都是一如既往地嚣张:轮廓还是那么丑陋,面孔还是那么阴沉。我不会告诉你们那些山峦、丘陵和河流的名字,它们曾经如此险恶,而现在却变得对人类非常有用,在那些日子里,一个盲人在这些山峦、丘陵和河流上堆砌了神圣的荣誉。
>
> ——《圣徒传》

吉尔达斯是一名英国僧侣,他花了很多时间谴责他于6世纪时在英国观察到的异教习俗(英国是从4世纪初君士坦丁皇帝时代起正式成为基督教国家的)。吉尔达斯以写了一本题为《不列颠的毁灭》的"抱怨之书"而闻名,他在书中强烈谴责了当代英国统治者的道德沦丧。这一神职人员的抨击文本最早的现存手稿只能追溯到11世纪,但《不列颠的毁灭》被认为是一部真实存在过的早期作品,可能写于515年至530年之间。其中,吉尔达斯特别提到了令他深恶痛绝的异教徒的纪念碑和宗教膜拜传统。

做出类似观察的人绝不止吉尔达斯一个。与他同时代的法国6世纪神秘主义者,图尔的格里高利也写了一本名为《忏悔者的荣耀》的书,在其中他评论了与自己同为神职人员的普瓦捷主教希拉里,此人曾谴责异教的献祭行为,他声称在塞文山区的一个湖畔目睹了这些行为。

以辨认出很多高卢及不列颠宇宙观的痕迹。这种早期材料对后来凯尔特神话的影响可能有两方面。第一,它是通过口述传统来传达的,而这一口述传统或许可以追溯到史前语境。第二,我们从早期基督教教士——例如6世纪的吉尔达斯和12世纪的吉拉德·坎姆里斯(威尔士的杰拉尔德)——的评论中知道,当时的地貌中存在一些至少可以追溯到罗马时期的异教遗迹。

"为了上帝之爱的旅程"

> 我被一种如此强烈的欲望所吞噬,以至于它把所有其他的想法和欲望都驱逐出了我的心。如果上帝愿意,我已经决定去寻找圣徒应许之地。
>
> ——《圣布伦丹的航行》

爱尔兰和威尔士的早期教士在欧洲各地游历,以满足人们所认为需要进行的一次基督教"为了上帝之爱的旅程",这是一种属灵的追求,目的是传播基督教的福音,建立新的修道院,并通过更加接近上帝而获得启迪。其中一个这样做的教士是出生于543年,名叫哥伦巴斯的爱尔兰基督徒。他以极大的热情进行了这一活动,并通过在欧洲大陆,特别是在法国的游历来探索上帝的存在。教皇庇护十一世称赞哥伦巴斯不仅在法国,而且在德意志地区和意大利为基督教传教事业做出的贡献,比他同时代的任何人都多。哥伦巴斯之旅始于爱尔兰西北部的西内尔修道院院长的厄恩湖修道院(这也是八国集团举行叙利亚冲突问题首脑会议的场所)。

哥伦巴斯的故事显示了这种旅程的性质。这种传教旅行(有点类似于《使徒行传》中叙述的圣保罗的旅行)很可能让早期基督教修士见识到异教的宗教雕塑和刻有铭文的纪念碑。他们遇到的一些雕像、神庙和仪式物品很可能充实了口述故事的各个方面,并在神话传统中占有一席之地。否则,很难解释在铁器时代的罗马不列颠及欧洲的宗教考古中的发现,与神话叙事中的元素间惊人的相似之处。诸如哥伦巴斯这样的早期教士的旅程可能创造了所谓的"时间走廊":在史前晚期和中世纪早期之间传递传统的管道。

2 神话编织者

将凯尔特神话根植于宇宙性的过去

> 卡尔雷昂毫无疑问是古典时代的城市。它是罗马人精心建造而成的,墙壁是砖砌的。你仍然可以看到许多象征它曾经辉煌的遗迹。
>
> ——吉拉德·坎姆里斯,《穿越威尔士的旅程》

要想论证英国和高卢的前基督教宗教的考古证据与爱尔兰和威尔士的中世纪凯尔特神话之间存在真正的联系,是一项危险的工作。然而,凯尔特西方奇特而复杂的神话景观并非在毫无上下文语境的情况下,就以其完整形态一下子进入中世纪早期意识。相反,它是建立在我们在考古学证据中所看到的早期宇宙学的基础上的。举个例子,中世纪神话编写者把卡尔雷昂的罗马圆形剧场称为亚瑟王的圆桌会议。而进行这种连接的渠道很可能是故事叙述者,他们要么直接看到了过去的遗迹,要么就是从其他自称在旅行中看到了古代遗迹的人那里得到了信息。故事叙述者的工作则是围绕着现实的核心编织故事。我们可以带着满足感想象一下,这是在凯尔特西方最早的神话故事中,保存早期信仰和崇拜实践片段的一种方式,无论它们在此过程中经历了怎样的转变。

罗马高卢和不列颠时期的考古证据展示了一系列令人眼花缭乱、充满活力的凯尔特男女神灵。其中的一些,例如雷神塔兰尼斯,马之女神爱珀娜和三位一组的母亲神形象遍布欧洲各地。而另外的一些,如英格兰西部巴斯的水女神苏利斯、哈德良城墙附近卡拉堡的科文提纳和勃艮第的赛奎安纳,则是专属于某个地方,是特定圣泉或河流的化身。塔兰尼斯是风暴之神,但也是太阳神。他的象征是太阳轮、鹰、橡树和闪电,他的许多形象可能已经融入了威尔士和爱尔兰的神话,包括威尔士英雄莱伊(见 123—125 页)和爱尔兰的鲁格(见 54—55 页)。关于鲁

凯尔特神话

布兰登爵士与塞壬,出自1476年德文版的《圣布伦丹的航行》。

格与邪恶怪物——佛摩尔族——战斗的故事，很可能包含了塔兰尼斯与来自异世界有着半人半蛇身体的巨人战斗的故事的痕迹。同样，古代的泉水女神也可能为爱尔兰神话提供基础，如博因河女神博安的神话。威尔士女英雄里安农必定与古代高卢的马女神爱珀娜有着密切的联系。在罗马、英国和欧洲都广受尊敬的三位一组的母亲神形象，无疑与可怕的爱尔兰三位一组神灵摩莉根纳和巴德系出同源。

•神话、修士和手稿•

写下神话的人是修士，这一事实给我们提出了一个难题。如果没有早期基督教抄写员的辛勤工作，这些神话就会完全消失。但另一方

罗马时期的祭坛（从德国）到塔拉努库努斯或塔兰尼斯，凯尔特雷神。

面，当这些修士把异教徒的神话写进手稿时，他们做了些什么？总有这样一种可能性，即他们把保护凯尔特世界的口头遗产视为自己的责任。但更有可能的是，他们利用古老的神灵和超自然角色，如达格达、媚芙、摩莉甘、里安农和马纳威丹等人（这些将是以下几章的主角）的故事，用以诋毁和嘲笑异教，并且扭曲这些故事，使其包含基督教的行为准则和道德规范。例如，在阿尔斯特故事群和《马比诺吉昂》故事集里，战争被呈现为仅仅是毫无意义的破坏行为而已。在大多数爱尔兰文本中，强大的女性都不太会得到同情，而过分热衷于性行为更是令人不悦的。如果这些神话文本不是由教士而是由他们的学生写的，或许就会出现一些灵活性和一些想象力丰富的写作，而不那么受基督教伦理的束缚。

中世纪传说中的古代女神：爱珀娜和里安农

> 普伊尔觉得，他的马只要猛跨上个两步或三步，就能追上她了。然而他们的距离却还是没有拉近分毫。他大力催促着马全速前进，但却发现试图追上她是徒劳的。
> ——《马比诺吉昂》第一分支

《马比诺吉昂》的第一个分支中描绘了一个具有魔力的女人里安农，当阿尔伯思领主普伊尔登上魔法地点"阿尔伯思王座"的时候，她以一名女骑手的形象出现在他的面前。阿尔伯思王座是一个可以引发超自然事件的地方，它为那些坐在上面的人所带来的，要么是美妙的经历，要么就是灾难。尽管她的坐骑看上去是在不紧不慢地散步，但无论是普伊尔，还是他手下最好的骑士都追不上她。不过，当他自知追逐无望，绝望地向她发出呼唤时，她立刻勒住了马。她告诉他自己的名字叫里安农，而且一直在等他对自己说话。经过一段时间的恋爱，他们结了婚，并生下了一个儿子普雷德里，里安农把自己与马的亲和关系传给了这个儿子（见100—104页）。

2 神话编织者

在探讨神话与基督教文学传统间的联系之前，我们需要考虑口头故事与书面故事之间的联系。在漫长的时间里，一代又一代的故事叙述者会调整、改编他们的故事，并在核心故事之外再添加一些东西，以符合吟游诗人自己所处的时代和环境。因此，当艺人在皇家宫廷中表演时，宫廷爱情和骑士争宠等元素也许会排到常演剧目的前列。而在另一些更亲密的环境里，例如一家人围坐在火堆边听这些表演者讲述的时候，可能会激发出一些更富想象力的故事，例如关于怪异的生物和行为放荡的精灵的故事。

如果认为中世纪爱尔兰和威尔士的神话文学仅仅是将口头流传的故事拷贝到纸上，那就大错特错了。虽然这些神话文学的核心是大量听闻的故事，但其文本表现出了各种各样有意进行文学建构的迹象。

威尔谢尔郡不知名地点发现的马之女神爱珀娜青铜塑像。在其中她被塑造为坐在两匹小马之间，手持麦穗。

里安农这个名字源自罗马时期的不列颠女神黎安托纳，或"神圣女王"。光是这一点就使她拥有了一个超自然的维度。而她第一次与普伊尔相遇时的场景就暴露了她的精神源头，白色是属于异世界动物的颜色，并且即使在她骑得相当慢的时候，也能超过普伊尔最快的马这一能力，也再次证明了她的超自然起源。里安农形象的源头可能是一位重要的早期女神，关于她的传说在罗马时期的高卢、英国和欧洲大部分地区都广为流传。她的名字叫爱珀娜（"马之女神"），常被描绘成侧身骑在马鞍上，或坐在两匹马之间。在中世纪早期，四处游历的僧侣们仍然可能看到许多献给爱珀娜的纪念碑，这可能构成了里安农故事的灵感来源。

故事被编纂并组织起来以适应抄写员的工作。古老的故事与当代的材料交织在一起，后者是为了使它们与当时的时代更为相合，这为今天的读者提供了对中世纪凯尔特西方生活的微妙洞悉。

试图为威尔士和爱尔兰神话文本确定其作者的努力几乎都没有成功过。一些学者坚信，《马比诺吉昂》的四个分支要么是彭布罗克郡西部远端圣大卫郊区的主教苏利文的作品，要么是由他的儿子瑞杰法奇所作，但没有确凿的证据证明这点。与早期孤立的中世纪神话故事不同，威尔士文学中的异教元素有时半隐藏在一层明显的基督教外衣之下：例如，当被施了魔法的野猪特罗伊特被问及是如何被诅咒变成了这副样子时，他回答说是因为他的邪恶，上帝才将他和他的追随者变形的。因此，尽管这些故事可能起源于基督教之前的口头传说，但中世纪威尔士抄写员似乎并非是通过描绘男女神灵来表达异教的根源的，而是通过更微妙的方式，他们会提到会说话的脑袋、变形、来自异世界的存在和一些具有魔力的场所。

爱尔兰神话则不同，其中充满了异教神灵、先知、德鲁伊和半神的英雄；国王和王后与超自然世界自由地互相交流。爱尔兰神话中明显的异教色彩使许多学者相信它们有着真正的古代起源。但也有人同样肯定地争辩说，中世纪的爱尔兰教士是坚定地在一个基督教背景下工作的，他们利用自己所掌握的古典文本和圣经文本，构建了一种虚假的古老语体，使他们能够通过在其中夸大异教徒的无节制、好战和滥交行为，来曲折地传达基督教信息和道德准则。

威尔士和爱尔兰的故事在内容和语气上都有很大的不同。但是，正如我们在第 1 章中看到的，它们也有明显的相似之处：会说话的脑袋、人与动物形态之间的转变、魔法坩埚，以及一个类似人类世界的异世界的存在。考虑到同一批故事叙述者很可能在当时的爱尔兰和威尔士宫廷之间自由来去，那么两国传说之间存在这些共同的故事情节就不难解释了。

2　神话编织者

伊奥洛·摩根威格与现代威尔士吟游诗人传统

> 伊奥洛，年迈的伊奥洛，他知道
> 山谷中所有植物的美德……
> 无论是科学还是歌曲的传说
> 旧时的圣贤和游吟诗人早已流传下来。
>
> ——一首罗伯特·骚赛所做的19世纪早期诗歌

每年夏天，威尔士都会在其北部和南部的不同地点轮流举行一场巨大的文化庆典。这就是威尔士全国性的艾斯特福德节，其核心活动是"吟游诗人的集会"。艾斯特福德节的焦点是威尔士语散文和诗歌竞赛，节庆活动最终会在三项活动中达到高潮和完结：吟游诗人的加冕、吟游诗人的"入座"以及散文奖章的颁发。这个节日并非什么新的发明，但也没有多久远的历史。目前的传统是18世纪格拉摩根的一位石匠爱德华·威廉姆斯的发明，他后来将自己的名字改成了伊奥洛·摩根威格。

他和他的同伴们对威尔士语的衰落深感担忧，试图通过为威尔士"构建"一个可追溯到古代德鲁伊教的谱系和祖先来恢复威尔士语和威尔士传统。尽管历史上威尔士的吟游诗人传统可以追溯到至少12世纪之前，但却是伊奥洛为它添加了一系列精致的表演性元素，这始于1792年在伦敦樱草山成立的英国吟游诗人大会。伊奥洛为我们留下了一年一度的艾特斯福德节，也许，我们可以将今天那些试图通过用严格遵循规范的诗歌和散文来表达威尔士传统的吟游诗人参赛选手称为现代的"神话编织者"。

·3·
爱尔兰的神鬼精怪

摩莉甘化作鸟形,立在库兰的特梅尔一块巨石之上,对棕色巨牛说道:

黑牛啊,你多么不安分,
你可否猜得到他们聚集在一起
是为了某个屠杀。
聪明的渡鸦
大声的呻吟,
敌人肆意横行于
广袤的原野。

——《劫掠库林之牛》

爱尔兰的中世纪神秘主义文本与威尔士文献的最大区别之处在于:其显著的异教色彩,以及存在众多的神灵。威尔士的神话会频繁提及基督教上帝,而同时代的爱尔兰文本中却全无上帝存在的痕迹。爱尔兰传说中充满了对异教神灵行为的叙述,这些神灵的表现即使放到古希腊罗马的万神殿中,也完全不会显得格格不入。在讲故事者的口中,丰饶之神、水神、战争之神、太阳神、铁匠之神、手工艺之神和异世界之神轮番登场,演出一幕幕跌宕起伏的戏码。爱尔兰传说中三个最主要的"故事群"分别是:以《劫掠库林之牛》为核心的阿尔斯特故事群、神话故事群——包括两部主要的文献《侵略之书》和《地方史》——以及《芬尼安故事群》。其他主要的资料来源包括 11 世纪的《勒孔黄书》，其中的《鞑德嘎旅店》收有关于爱尔兰的冥界，以及冥界中骇人的死亡女神的恐怖故事。

• 创作故事 •

  第一批入侵爱尔兰的人，包括五十一个女人和三个男人。他们都是挪亚本人的直系后代，并且除了一个男人之外，都在大洪水中身亡了。唯一的幸存者名唤芬坦，他有着魔法天赋，于是他将自己变成了一条鲑鱼游过汹涌的洪水。等到水位降下来之后，他再次变形为一只雕，又变成一只鹰，从而飞越逐渐露出水面的陆地，见到洪水退去后的山峦和平原渐渐显现出来。
  ——《侵略之书》

  神话的一个功能，就是为民族的起源提供解释。12 世纪，一部名为《侵略之书》的文本就发挥了这一功能，解释了盖尔人（或凯尔特人）在爱尔兰的存在。如这部书的标题所示，该书依时间顺序记载了几波关于"侵略"的历史，其中的第一波是由名叫凯赛尔的女人所领导的，关于凯赛尔其人我们几乎一无所知，只听闻她是挪亚的孙女。该书还提到了大洪水，而在大洪水退去之后，马上就有一个名叫巴尔托隆的男人率领另一波殖民者前来入侵。他们随即与佛摩尔族展开了激烈的争斗，后者是一个之前就住在爱尔兰岛上的形容怪异的巨人种族。
  不过，《侵略之书》的中心主题却是叙述被称作达南神族（意为"女神达努的后裔"）的一群神灵殖民爱尔兰的故事。达南神族曾经是这片土地的统治者，直到盖尔人到来将其打败，此后他们就退至地下，

3　爱尔兰的神鬼精怪

位于爱尔兰纽格莱奇地区巨大的新石器时代通道式墓葬的航拍照片。在早期爱尔兰传说故事中，这类古代坟墓被认为是神灵的居所。

在那里创造了一个与地上世俗世界平行存在的异世界。这些被驱逐的神灵们生活在仙丘中，这是一些具有灵性力量的土丘（例如本页插图所示的纽格莱奇墓），每一个仙丘之下都有神灵们的旅店，供他们在其中举办永远不散的筵席。

• 爱尔兰诸神 •

几千年前，在爱尔兰生活着一个由神和神的子女们组成的族裔。他们有着耀人眼目的美貌和超凡绝俗的仪态，热爱诗歌、音乐和男性与女性的形体美胜于一切。这些美丽的人是女神达努的后裔，因此被称作达南神族。

——《侵略之书》

尽管这些神话故事中呈现了许多职能各异的神灵，如光之神鲁格与一般意义上的天神最为接近，而"好神"达格达是众神之主，但其中并没有一个明确的，像古希腊罗马的宙斯或朱庇特那样的"天父神"。爱尔兰神话中也没有一个像阿瑞斯或玛尔斯那样的战神，而是有好几个不同的神灵都与战争相关，其中多数是女性。另外也没有一个阿佛洛狄忒/维纳斯式的，专司性与浪漫爱的女神，然而许多女性神灵——比如摩莉甘和具有神格的媚芙女王——都有其放荡滥交的一面。

神话中有强大的丰饶之神，其中就包括达格达；与主权和繁荣相联系的女神如埃立乌；还有一群行使特定职能的神，如医术与工艺之神迪安·凯特、工匠之神戈伊布尼乌——他的锤子永远落在正好的位置。这最后一位神灵，与其他许多神一样都在异世界中有自己的旅店：那些在旅店里吃过他的筵席的人即可获得永生。毫无疑问的是，这些

达南神族的遗物

尽管留存下来的神话文本中并没有对达南神族来历的记述，但他们将自己的血脉追溯到了始祖女神达努那里。当他们来到爱尔兰的时候，带来了四件具有强大魔力的神器。其中的第一件是命运之石（见158—160页），与神授王权相关：当准备选出新的统治者时，所有候选人都要上前轮番触摸这块石头，而当天命所归的候选人一触碰到石头，它就会高声尖叫。另外三件神器则都与某个具体的神相关，用来加强他们的力量。重生之坩埚属于"好神"达格达，里面的食物取之不尽；鲁格之枪可以保证持枪的勇士-神灵战无不胜；而努阿达之剑则是天候之神的武器，一旦出鞘，无人可以在其一击之下生还。

3　爱尔兰的神鬼精怪

爱尔兰的神话经基督教僧侣之手编辑转写之后，其中对神灵的呈现方式一定带上了很多来自基督教的影响。在他们的叙述中，战争诸神成了性欲旺盛不知餍足的恶女，甚至连达格达也被描绘成了一个荒谬可笑、嗜酒成性的肥胖老头儿。

爱尔兰达南神族的主要神灵

达格达：众神之主，丰饶和繁荣的神圣赋予者

鲁格：战神，光明与手工艺之神

玛恰：马与战斗女神

摩莉甘：死亡与战争女神

贝弗：渡鸦女神，与摩莉甘等同

戈伊布尼乌：工匠之神

迪安·凯特：医术与工艺之神

达努、阿努：始祖女神

埃立乌：爱尔兰的命名女神

奥恩古斯：爱情与恋人的守护神

努阿达：这个名字的本义是"造云者"，因此他似乎是一位天候之神

博安：博因河女神

曼纳南：海洋之神

• 神圣的三口之家：达格达，博安和奥恩古斯 •

埃立乌（即爱尔兰）曾有过一位来自达南神族的著名国王，他的名字是埃库·奥拉基尔。他还有一个名字叫达格达，因为正是他行神迹，掌管天气和收成，因此他得名"好神"。

——《侵略之书》

达格达是部落的父神形象,爱尔兰万神殿中的主神。他的头衔"好神"说明了他是爱尔兰繁荣的守护者。他不仅拥有可以提供无限食物的坩埚,还挥舞着一根巨棒,棍棒的一头带来死亡,另一头却可以恢复生机。达格达在一切意义上都可以用巨大来形容:他的身躯雄伟,腹部突出;他有着旺盛的性欲,与许多女性神灵都发生过关系,其中包括摩莉甘(似乎是他的对立面,因为摩莉甘的力量主要是毁灭性的),还有博因河女神博安。

他与博安欢好之时,女河神还是另外一位水域之神奈赫坦的妻子。他们发现博安怀上了达格达的孩子之后,为了向奈赫坦隐瞒这段私情,达格达对太阳施加了一个咒语,让太阳在天空中驻留了整整九个月,不升不降。因此他们的孩子实际上是在被怀上的当天就出生了。他们生下的是一个男孩,于是他们将其命名为奥恩古斯·麦克·欧克,意为"年轻的孩子"或"青春",以纪念他出生期间异常的太阳活动。奥恩古斯成了爱情之神,专门守护那些情路坎坷,困难重重的年轻恋人。

罗马不列颠时期"挥舞着棍棒的赫丘利"浮雕,其形象与爱尔兰文献中对达格达的描述极为相似。位于英国诺森伯兰郡科布里奇市。

3 爱尔兰的神鬼精怪

"天神朱庇特击倒巨人"石雕,位于法国内谢尔的石柱顶端。

•银臂努阿达•

努阿达·阿根兰("阿根兰"的意思就是"银臂")曾经是达南神族的国王。然而爱尔兰神话传统中有一条严格的规定:一位国王的身体必须是完美无缺的,不能有任何残损和畸形的部分。努阿达的一条手臂在战斗中被砍断了,因此他必须交出王位。不过另一位神明迪安·凯特向他伸出了援手。迪安·凯特是位医者,擅长治疗之术,同时也是个技艺精湛的手工艺人。他用银为努阿达制作了一条新的手臂和手掌,这可能是早期神话中记载的最早一例义肢手术。

通过这种方式恢复了完整形态的努阿达得以继续当国王,然而他还是厌倦了与达南神族的宿敌,佛摩尔族怪物永无休止的缠斗,于是在他的手臂装上后不久,努阿达还是将王位交给了达南神族中一位更为年轻的神灵鲁格。努阿达名字的意思是"造云者",暗示着他最初的职能可能是控制天候和雷雨,与希腊罗马神话中的宙斯/朱庇特相似。

努阿达与诺登斯

我们并不是总能在中世纪凯尔特神话的神灵,与罗马不列颠早期居民崇拜的本土神灵之间建立起直接的关联。然而,努阿达与不列颠神诺登斯之间的联系似乎确然可以成立。诺登斯的主圣地位于利德尼的迪恩森林,可以俯瞰到宽阔的塞文河的河口处。诺登斯与努阿达这两个名字有相同的源头,两者可能都是"造云者"的意思,即天空和天候的掌控者。利德尼的诺登斯神庙建成于 4 世纪中叶,当时基督教已经被确立为罗马帝国的官方宗教。该圣所是在 20 世纪 20 年代被摩蒂默·惠勒爵士发掘的,他发现的铭文表明此处祭拜的神为诺登斯。考古发现还显示,诺登斯是位集猎手与医者两个身份于一身的神。庙中发现的献祭品中有九座猎狗的雕像,其中最精致华美的是一座年轻猎鹿犬的青铜像(直到今天,利德尼乡间大宅中还有一片用于猎鹿的围场。)

曾经装饰在圣所内墙上的马赛克图案中有句铭文,提到这里曾有过一位"释梦者"。这很可能是因为那些疾病缠身的朝圣者会前来神庙中特设的宿舍里过夜,盼望着在梦中能得到神灵显现,为他们消除病痛。庙中也有一个浴室,供受伤或患病的信徒在富含铁元素的泉水中沐浴,这可能对某些患者具有疗愈的作用。利德尼的神庙位于一片古老的林地深处,位置很高,可以无遮蔽地总览塞文河口,以及河水在

利德尼诺登斯神庙出土的罗马不列颠时期青铜猎鹿犬雕像复制品。

诅咒和指环

在利德尼发现的众多器物中，所含信息最丰富的是一块小铅板，上面刻着一个诅咒。这类诅咒在古代世界被称为咒语石板，或曰"修正错误咒"，常被人祭献于有疗愈能力的神面前，求他们代为执行。在位于巴斯的供奉着女神苏利斯·密涅瓦的神庙里，就发现了许多献给她的刻有类似诅咒的铅片。利德尼的这片铅板独特的有趣之处在于它包含的讯息。这个诅咒是一个叫作西尔维阿努斯的男子献给诺登斯的。他在神庙中丢失了一枚金戒指，很可能是在他除去衣服和首饰在圣水中沐浴时被人拿走的。诅咒的内容显示西尔维阿努斯怀疑窃贼是他认识的人——另一个名叫塞尼西阿努斯的朝圣者。西尔维阿努斯请求诺登斯让疾病降到偷戒指者身上，直到戒指被送还到庙中为止。西尔维阿努斯承诺，届时将把戒指价值的一半奉献出来，作为给诺登斯神的谢礼。

这个故事本身已经很有趣了，而且它竟然还有后续。人们后来竟然在位于今汉普郡的罗马城市西尔切斯特发掘出了一枚上面刻着"塞尼西阿努斯"的金戒指。难道这就是上面提到的那枚戒指，上面还被胆大妄为的窃贼刻上了自己的名字吗？与利德尼诅咒故事有关的，还有另一件有趣的事实，当初很多人都去参观过惠勒的发掘现场，其中有一位就是J.R.R.托尔金。他被诺登斯、诅咒和戒指的传说迷住了，在此之后不久就开始动笔写作《霍比特人》。他是否受到他访问利德尼时所遇到的事情的影响呢？

某些水位偏高的季节掀起的激动人心、一泻千里的大潮。如果诺登斯与努阿达一样也是位天候之神的话，他的祭司也完全可能将预测潮汐宣称为诺登斯的职能之一。

•长臂鲁格：光明与正义之神•

当努阿达正感到自己的精力渐渐不济之时，一个名叫鲁格的年轻人（这个名字是"闪耀者"的意思）出现在位于塔拉的宫廷之前并请求进入。宫廷的看门人要求来访者说出自己有哪项特别的技能，因为只有那些拥有独一无二技能的人才能被准许进入。鲁格回答道自己是一名木匠，看门人告诉他，里面已经有位木匠了。于是鲁格又依次介绍自己为铁匠、竖琴演奏者、英雄、作颂诗者、魔法师、医生、斟酒人和手工艺人。当守卫告知他，这些角色都已经有人担当了之后，鲁格反驳道，自己的特殊才能就在于他可以同时具有以上所有这些本事。于是他被允许进入宫廷觐见国王。很快，他就取代了努阿达众神之王的地位，开始用他的众多才艺领导达南神族。

•与怪物的战斗•

达南神族成为爱尔兰主人的过程并不轻松。入侵此地之后，他们不得不首先战胜两个不同的怪物种族，才得以建立起自己的统治。他们的第一个敌人是福尔博族，这片土地的上一个征服者。正是他们在斯莱戈郡与福尔博人展开的第一次玛图里得战役中，努阿达失去了他的手臂。不过最终达南神族还是获得了战争的胜利，接下来他们就必须面临下一个敌人，福摩尔族了。

鲁格一当上达南神族的领袖，他的主要任务就是继续与这第二群怪物的斗争。他们是一群不好对付的敌人。鲁格动员起族人全部的巫术和制造魔法器具的能力，来打造无坚不摧的武器，创制可以对抗敌人的法术咒语。鲁格用强大的法术将山峦连根拔起砸向他们，又让整个爱尔兰的水域都对他们隐藏起来。达南神族还征召了德鲁伊来向他

3 爱尔兰的神鬼精怪

邪眼巴罗尔

福摩尔人中有位令人生畏的勇士名叫巴罗尔。他只有一只巨大的眼睛,要四个男子合力才能抬起他的眼皮。当巴罗尔的巨眼睁开的时候——这点和希腊神话中的美杜莎一样——他的盯视能让一整支军队都动弹不得;无人能够幸免。面对这样一个令人畏惧的敌手,鲁格迅速做出了行动。巴罗尔的眼球刚刚向他的方向转动些许时,他就从怀中掏出弹弓,直直瞄准那只巨眼并发射。弹丸的冲击力将巴罗尔的巨眼向后砸了出去,击穿了他的后脑勺,因而那致命的凝视就落到了福摩尔人自己身上。玛图里德战役结束了。在努阿达身体残疾的时候,有着一半福摩尔人血统的布雷思国王曾不甚成功地统治过爱尔兰一小段时间,达南神族在胜利后也没有处死他,因为他曾给过神族很多关于农业生产方面的建议。

鲁格因在弹弓射击方面的精湛技艺让他有了"鲁格·拉姆哈达"(即"长臂鲁格")的称号。威尔士传说里也有一个名字与之几乎相同的神灵形象,即莱伊·劳·吉费斯,意为"明亮者"或"巧手"。我们几乎可以肯定这位威尔士神灵与爱尔兰的鲁格是同一的,因为二者都代表了光明和善,以及手工艺方面的技艺。

们投射火焰,并让他们染上恶疾。

达南神族与福摩尔族的争斗在第二次玛图里得战役中达到了高潮,此役堪称一场苦战,两边都死伤无数。然而达南神族有一个巨大的优势:福摩尔族的战士一旦被杀就永远地死去了,而神族将阵亡将士的尸体投入一口魔法水井中,就能使其复生并重新投入战斗。鲁格本人也使用魔法来激励他手下的战士,他在队伍中不断游走,口中吟唱着可以增强战士们战斗力的咒语。

•梦中恋人：奥恩古斯与紫杉姑娘•

和希腊罗马神话中的爱若斯或丘比特一样，奥恩古斯·麦克·欧克是爱尔兰传说中的爱神。他的主要职责就是帮助情路不顺的恋人终成眷属，《侵略之书》里的很多故事都是关于他的。在与他有关的最浪漫的一个故事中，是这位神本人在梦中遇到了一个女子之后，陷入了无望的爱情。甫一醒来他就意识到自己狂热地爱着这位梦中的姑娘，于是立刻开始打探她的身份和踪迹。

姑娘的名字叫作凯雅·依波梅斯（"紫杉果"的意思）。最终，奥恩古斯在一片湖边找到了她，她与众多年轻女子住在一起。然而凯雅和她的同伴们并不是普通的女子，因为每隔一年的萨温节（旧凯尔特历法中，萨温节标志着一年的结束）到来之际，当时间停止、世俗世界与精灵神鬼居住的异世界之间的大门洞开之时，她们就会变成天鹅。凯雅本人具有超自然的血统，不仅她可以变换自己的形态，她的父亲也显然属于神族，因为他有自己的仙丘（位于异世界的宫殿）。少女变成的天鹅们被一对对银质锁链连在一起。但凯雅除外，她没有和任何其他天鹅配对，而是独自佩戴着一条金质锁链。

凯雅的父亲拒绝了奥恩古斯的求婚，但年轻的爱神并没有轻易放弃。他意识到自己只有在凯雅变成天鹅形态的时候才有机会赢得她的芳心，于是他在萨温节期间来到湖边呼唤她。当凯雅向他游来的时候，他就把自己也变成一只天鹅，与她一起飞走。他们两个绕着湖飞了三圈，一边飞行一边唱着咒语，于是下面的所有人都陷入了沉睡，无法追逐他们。奥恩古斯和凯雅飞去了奥恩古斯位于博因河畔的宫殿，或许，从此幸福地生活在了一起。

为什么会有银链将天鹅们成对连在一起，始终没有得到解释。因为天鹅都是由人类少女变的，所以一般人们会假定这些天鹅也都是雌性。但也有可能这些被一对对锁在一起的天鹅代表的实际上是一雄一雌，银链则代表单偶制与终身伴侣关系。只有凯雅没有与其他天鹅相连，并且戴着金链这一事实可能暗示着她处于单身状态，以及未来将会与神缔结婚姻。

•米迪尔与埃泰恩•

> 米迪尔将自己打扮得光彩照人。他精心梳理了金色的长发，还戴上了细细的金色发箍。身穿紫色长衣，他英姿勃发地站在城堡的大门前，手持锐利的青铜长矛和一个饰有宝石的大圆盾。他开口向埃泰恩求爱时，灰色的眼眸中闪耀着光芒。
>
> ——《侵略之书》中叙述的米迪尔向埃泰恩求爱

与奥恩古斯一样，米迪尔也是达南神族的一员，雷斯仙丘的主人。他深深地爱上了一个名叫埃泰恩的女子，埃泰恩是个凡人，但她拥有一些超自然的能力，如可以哼唱着帮助米迪尔入眠，以及当敌人靠近的时候提前向他发出警告。米迪尔的妻子富阿弗纳奇极为嫉妒他的新恋人，在一次愤怒的报复心爆发时，她在埃泰恩身上下了一个咒语，将她先后变成了一泓清水和一只紫色的飞虫。然而这仍然不能平息富阿弗纳奇的愤怒，于是她又召唤了一阵风将埃泰恩变成的飞虫吹得无影无踪。然而此时，恋人的守护神灵奥恩古斯出手援救了这个可怜的被变了形的女子，将她藏到了博恩河畔自己的宫殿里。富阿弗纳奇的诅咒效力很强，奥恩古斯拼尽全力想撤销它，但还是只成功了一半，埃泰恩从此只可以在晚上恢复人形。

然而，富阿弗纳奇的魔法刮起的飓风又一次把埃泰恩吹走了，这次她变成的飞虫掉到了一个酒杯里，被一名阿尔斯特英雄的妻子艾达吞下了肚子。于是埃泰恩的第一次生命结束了。她在一千年后重生为婴孩。然而米迪尔仍然没有停止对她的追寻，最终找到了重生后的埃泰恩。此时她已成年，并嫁给了爱尔兰的国王奥凯德。奥凯德之所以和她结婚，只是因为他的臣民声称除非他娶妻，否则就拒绝遵守他的税收政策。米迪尔用自己神族特有的能力重新赢得了埃泰恩，他趁埃泰恩不注意吻了她，从而唤起了她关于前世初恋的记忆。于是他们一起逃出了国王位于塔拉的宫廷，像奥恩古斯和凯雅一样，这对幸福的恋人也是变成天鹅飞走的。

　　米迪尔和埃泰恩的故事充满了神性和魔法的元素：变形、长寿和重生都是超自然事物的标志。时机的巧合使形体变化成为可能：萨温节是一段"不存在"的时间，此时秩序崩解，混沌当道。

格洛斯特发现的墨丘利（带着一只公鸡）与罗斯默塔（持桶、长柄勺和权杖）浮雕。这一对的形象来自爱尔兰传说中的神族情侣米迪尔和埃泰恩。

3　爱尔兰的神鬼精怪

天鹅作为象征

　　许多爱尔兰神话故事,包括奥恩古斯和凯雅以及米迪尔和埃泰恩的爱情佳话,都含有"化身为天鹅"这一情节。天鹅是种富有魅力的鸟儿,硕大、洁白、美丽,有时也会很凶猛,尽管人们最常见到的是它们宁静优雅地在平静的水面上游弋的情景。水禽在凯尔特传说中有着特别的位置,因为它们在水、气和土地这三种元素中都能自如活动。天鹅洁白耀目的羽毛很可能让它们获得了另外的优势,即引发人关于纯洁的联想;另外它们终生单偶制的生活习性也让它们能够象征忠贞而恒久的互相倾慕,特别适于比拟神界的恋人。故事讲述者们偏爱天鹅而厌恶其反面——乌鸦和渡鸦,一身黑色的食腐鸟类,靠大战过后阵亡战士的残躯腐肉为生,经常预示着灾祸。

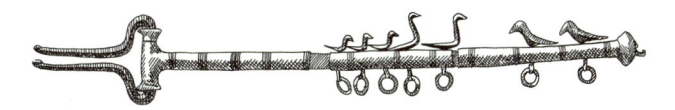

铁器时代早期用于筵席上的青铜肉叉,出土于爱尔兰安特里姆郡的杜斐尔尼。

•致命吸引:爱尔兰神话中的三角恋情•

　　凯斯巴将手放在那女人的腹部,预言这个未出生的孩子是名叫迪尔德丽的女孩,她将有绝世的容颜,却会为阿尔斯特带来毁灭。

　　　　　　　　　——《劫掠库林之牛》

　　与爱尔兰诸神有关的故事中有一个反复出现的主题,就是年老的丈夫(或未婚夫)、年轻女子以及同她一样年轻的追求者之间的三角恋情。这可能是"主权神话"的一种隐藏变体,在这类神话中,年老的国王遭到年轻的王位争夺者的挑战,而位于三角中心的年轻女子则扮演着主权女神的角色,年轻篡位者必须通过同她结合的方式才能赢得她赐予这片土地繁荣的能力。如果国家需要恢复活力,那么衰老而必朽的君王必须被褫夺其王位,代以生机勃发的新人。奥恩古斯和凯雅的故事一定程度上也是这个主题的变奏,尽管在这个故事中,年老的对手是凯雅的父亲而非国王。实际上,威尔士的传说故事《库尔威奇与奥尔温》中也有相似的模式(见116—118页):奥尔温的父亲和凯雅的父亲一样,也禁止她嫁给年轻的恋人库尔威奇。

有两个爱尔兰故事为我们戏剧性地展示了青春和暮年之间的这一紧张关系。其中的第一个来自一部9世纪的文本,是阿尔斯特故事群的一部分,可以被看作《劫掠库林之牛》的前传。它记载了孔赫沃尔国王、他的养女迪尔德丽及其恋人尼舍之间的三角关系。第二个故事则来自一则10世纪传说,后来被编入12世纪的芬尼安故事群。这个故事讲述了迪尔梅德和格拉妮的爱情故事,后者是费奥纳勇士团上了年纪的领袖、国王费恩的未婚妻。

迪尔德丽(常被人冠以"悲伤者迪尔德丽"的名号)的命运,早在她出生之前就被阿尔斯特的宫廷德鲁伊凯斯巴预言了。凯斯巴告诉人们,这个孩子将拥有倾国倾城的容颜,而阿尔斯特也的确会因为她而倾覆。于是宫中臣子纷纷要求这个孩子一出生就将她杀死,但国王却拒绝了他们的请求,决定将她收为自己的养女秘密抚养。然而随着小女孩渐渐长大,孔赫沃尔王被她的美丽迷住了,想要娶她为妻。迪尔德丽自小长在深闺,没有见过其他男人,但有一天她偶然见到养父杀死一头小牛并将其剥皮的情景,这时有只渡鸦飞落,啄食小牛流出来的鲜血。四周大雪飘落。迪尔德丽被眼前白色、红色和黑色三者并存时的鲜明对照深深震撼了。她发誓自己要嫁给一个头发像渡鸦羽毛一样黑,皮肤像雪一样白,脸颊像鲜血般红润的男人。

迪尔德丽身边有一个伴从（更可能是她的监护人），名叫利巴古姆，她告诉迪尔德丽，事实上的确有个符合这种描述的年轻人，他的名字叫作尼舍，他有两个兄弟。不同于其他三角恋情的是，在这个故事中，是女方迪尔德丽先对尼舍展开了追求。她试图与尼舍接触，但她会为阿尔斯特招来灾祸的名声早已远近皆知，因而尼舍回绝了她的示好。但迪尔德丽没有放弃，因为她知道一种让他无法拒绝的手段：向他的荣誉发起挑战，威胁他如果不与自己私奔，就会蒙受羞辱，再也抬不起头来。

于是这对情人和尼舍的两个兄弟一起逃到了苏格兰，但不久后孔赫沃尔就派弗格斯·麦克·罗茨作为使者召他们回艾汶玛哈（见132—133页），声称自己已经赦免了他们的背叛行为。后来国王的承诺被证明是个骗局。报复心重的国王雇了一个名叫欧汉的人杀死了尼舍和他的兄弟，而迪尔德丽面临的惩罚则是被迫嫁给杀害她爱人的凶手，不愿从命的她选择了自尽。弗格斯对孔赫沃尔背信弃义的行径感到愤怒，与他大吵一架后率领自己的部下叛离阿尔斯特宫廷，前去投奔他们的死对头，康纳赫特女王媚芙。于是凯斯巴的预言成真了，迪尔德丽的确成了阿尔斯特的灾难之源。

费恩、迪尔梅德和格拉妮的故事也有着相似的模式。与迪尔德丽一样，格拉妮也主动追求了迪尔梅德，尽管她当时已经与费恩订婚。她对费恩的背叛暗示着她其实也是"主权女神"的潜在化身，抛弃年老体衰的凡人丈夫并寻求与一个富有青春活力的年轻伴侣结合，从而使爱尔兰重新获得繁荣和稳定，焕发新的生机。和尼舍一样，迪尔梅德一开始也在格拉妮的攻势面前退缩了。他处在一个尴尬的位置上，因为他是费恩的副将，荣誉要求他忠于其君主。

然而，格拉妮也用了与迪尔德丽完全相同的手段，以迪尔梅德身为英雄的荣耀相威胁。于是他身上现在背负了相反的双重义务，陷入了无法脱身的困局。他顺从了格拉妮的意愿，二人从费恩的领地塔拉

新石器时代墓葬,被人们称为"迪尔梅德之床",位于爱尔兰多尼哥市基尔克鲁尼纪念碑处。

私奔了。被抛弃的年老未婚夫对他们穷追不舍,这种情况持续了七年。然而,这对苦命的恋人有个帮手,爱神奥恩古斯恰好也是迪尔梅德的养父。他试图帮助二人,警告他们不要连续两晚睡在同一个地方。他们在躲藏的过程中还吃下了魔法森林丹诺斯中不朽之树的果子,因此获得了有限的永生,这意味着他们只能被比不朽之果的魔力更强大的法术杀死。

像孔赫沃尔一样,费恩也采取了诱骗的手段。他假意与迪尔梅德和好,并邀请对方与自己一起狩猎野猪。这是个格外狡诈的计谋,因为费恩知道一个有关迪尔梅德的预言:他将被一头野兽——博安·古尔班的野猪杀死。这头野兽有形体变化的能力:他曾经变成过人形,而他变成的人正是与迪尔梅德一起长大的寄养兄弟。文献中对迪尔梅德的死有两种说法。在其中的一个版本里,他被野猪背上浸透了毒液的尖刺戳伤,不治身亡。而另一个版本则认为费恩本人才是造成年轻人死亡的罪魁祸首，他本可以通过给迪尔梅德喂水而救活他。他曾三次用双手掬来一捧有疗愈效果的神圣井水，但前两次都还没走到迪尔梅德面前，就故意让水从指缝间漏掉了。当第三次捧来圣水时，他终于下定决心要救治自己的年轻情敌，但他来晚了一步：迪尔梅德已经死了。

•盖尔人和他们的女神•

据《侵略之书》记载，盖尔人，或凯尔特人（文本中有时还会称他们为 Milesians）是爱尔兰这片土地上的最后一波征服者。他们打败了达南神族，使后者隐遁到了他们位于地下的异世界宫殿（即仙丘）之中。达南神族的始祖女神达努有三个对手，力量都比她本人强大。这三位女神——埃立乌、芙德拉和斑瓦——是爱尔兰的人格化象征，盖尔人入侵爱尔兰的时候就与她们相遇了。她们三个之间也是互相竞争的关系，每个都要求与盖尔人结盟，并让他们以自己的名字命名这块土地。作为回报，胜出的那位女神承诺让盖尔人永远统治爱尔兰。

埃立乌最终胜出，成了爱尔兰的命名女神和奠基者（直至今日，爱尔兰还保留着因这而有的诗化别名"埃立琳"）。埃立乌也是原初的主权女神，象征着神圣的王权。与许多其他的爱尔兰女性神灵不同，埃立乌是属于整个爱尔兰的，是爱尔兰的精髓和象征，给予了它作为一个国家的丰饶和繁荣。她在盖尔人入侵后获得至高无上的地位一事也早被诗人阿姆海吉言中，他不仅有预言未来的能力，而且也和神灵精怪们多有来往。

·4·
谜一样的威尔士：魔法之乡

> 普伊尔走向宫廷上方名唤"阿尔伯思王座"的土丘顶端。"大人，"某位宫廷成员说道，"这个土丘的蹊跷之处在于，无论哪位贵族只要一站上去，两件事情之一就会发生，要么他的身体会受到伤害，要么他就会见到奇异的景象"。
>
> ——《马比诺吉昂》第一分支

威尔士的传说，大部分都出自一本我们称为《马比诺吉昂》的作品。它的四个分支各叙述了一个彼此相关但也能各自独立成篇的故事。其中第一个分支讲述了关于阿尔伯思领主普伊尔、安农（异世界）之神阿隆和普伊尔的妻子里安农的故事。第二个分支是关于哈莱克的领主布兰、他的姐妹布兰温和布兰温的丈夫马索卢赫的故事。第三个分支叙述了德韦达被施魔法的经历，以及马纳威丹和普伊尔之子普里德里的冒险。第四个分支则围绕着格温内斯的领主马斯，他的侄子格温迪昂和吉尔韦绥，以及莱伊·劳·吉费斯和布洛代韦德间多灾多难的婚姻展开。

在《马比诺吉昂》四分支之外，威尔士传说还包含几个较为长篇的故事，分别是《库尔威奇与奥尔温》，讲述英雄库尔威奇通过完成常人所不能为的功绩，赢得奥尔温芳心的故事；《安农的战利品》《罗纳布伊的梦》与《皮尔杜》。这些故事共同丰富了凯尔特神话这幅光彩熠熠的画卷，里面充满了精灵、半神、被施了魔法的生物、富有魔力的坩埚、魔法师、变形术，还有善与恶之间的争斗。

将威尔士和爱尔兰的神话传统放在一起比较，就能看出两者之间的主要差异在于它们凸显异教元素的程度。尽管爱尔兰的神话文本也是由修道院记录和收藏的，但其中充斥着异教男女神灵的形象，呈现出了一种全然异教多神论的宗教体系。实际上，除了圣布丽吉特、圣帕特里克等几个圣徒早年生活的传记之外，爱尔兰的文献中很少有基督教成分。而在威尔士的传说文献中，尽管也明显存在着异教元素，但其色调就黯淡得多了。基督教的上帝不止一次被提到，其中最显眼的一个例子是"库尔威奇与奥尔温"中被施了魔法的野猪特罗伊特，他自称，是上帝为了惩罚他的恶行，才将他从人变成动物的。英雄们，例如"被祝福者"布兰、普伊尔、普里德里和莱伊·劳·吉费斯等人都被塑造为一些"弱化版的神灵"，里安农和布兰温等出身高贵的妇女也是如此。

威尔士神话中的很多主人公都是具有神灵属性的先祖勒耶尔的血脉，包括被祝福者布兰、布兰温、戈万南与马纳威丹。后面两位在爱尔兰神话中也有明确的对应：分别是工匠之神戈伊布尼乌和李尔（与威尔士的"勒耶尔"系出同源）之子，海神曼纳南。如果我们仔细审视威尔士故事，也能从中发现其他异教神灵的蛛丝马迹。不然的话，我们该如何理解库尔威奇完成其挑战的过程中遇到的帮手"猎人马彭"

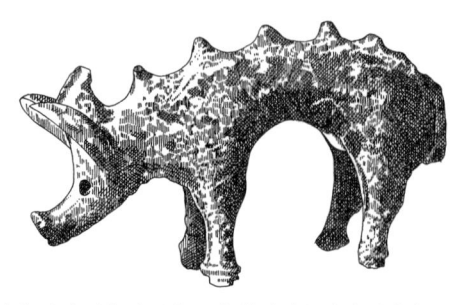

米德塞克斯郡豪恩斯洛（位于伦敦附近）出土的青铜野猪塑像。

4 谜一样的威尔士：魔法之乡

丹麦贝昂出土的坩埚上雕有猫头鹰面孔图案。

的身份？他必然是考古学界在高卢-不列颠等地考证出来的神灵马波努斯的化身，后者的名字又与古希腊罗马神话中的狩猎者阿波罗相关。里安农身上与马相关的象征也暗示着她的神灵身份，很可能是由高卢-不列颠的马之女神爱珀娜发展而来的（参见41页）。

• 威尔士的诸神和英雄 •

如果说威尔士传说中的诸神不如爱尔兰万神殿那么斑斓鲜明的话，其中洋溢的超自然元素则完全可以为它扳回一城。威尔士的传说故事中随处可见魔法师的身影和神奇的遭际，善与恶两种力量的对峙，而正义似乎最终永远都能取胜（这点也体现了基督教伦理的影响）。这些故事中充满了关于神奇变化的记述：人变成动物，良田化为荒漠；死者在魔法坩埚中被复活；动物开口讲话；巨人的身体大到可以跨越海峡；头颅被砍下后仍然鲜活如初，还能口吐睿智的言语。

引人注目的一点是，威尔士传说中最重要的女性，也大多是些位居后台的背景人物，而非活跃的英雄角色。然而她们作为情节助推者的力量不可小觑，她们的存在既能激化冲突，也可能化干戈为玉帛。举例来说，正是布兰温的爱尔兰丈夫对她的欺辱导致了威尔士和爱尔兰之间灾难性的战争，几近毁灭了这两个国家。里安农起初看上去似乎是个强健而富有挑战性的厉害角色，一个来自异世界的女神，其能力堪与俗世的君主普伊尔旗鼓相当，而且还能自己做主选择丈夫。然而，随着故事情节的发展（见69—71页），她却逐渐变成了和布兰温一样的典型的"被虐待的妻子"形象，再无从前那个刚烈不羁的传说

威尔士传说中主要的神灵与英雄

被祝福者布兰	格温内斯哈莱克的领主，具有神族血统
布兰温，布兰的姐妹	威尔士与爱尔兰之间战争的导火索
普伊尔	德韦达阿尔伯思的领主，有神族血统
里安农，普伊尔的妻子	骏马女神的化身
普里德里，普伊尔与里安农之子	德韦达的新任领主，在其父之后
马纳威丹	幻术师，手工艺人，农业之神
马斯	格温内斯的领主，创造神之一
莱伊·劳·吉费斯，阿丽安萝德之子	一位光明之神
阿丽安萝德，莱伊之母	一位月神
阿隆	异世界（安农）之王
布洛代韦德	一个从花中造出来的败德女人
马彭	一位狩猎神
戈万南	一位工匠之神
罗纳布伊	一个波伊斯英雄
皮尔杜	匡扶正义者，与恶毒女巫为敌
亚瑟	一个不列颠英雄
库尔威奇	一个神族的猎人英雄，奥尔温的恋人
奥尔温	库尔威奇的恋人，巨人伊斯巴达登之女

中女英雄的风采。《马比诺吉昂》中唯一一个强势的"女人"是布洛代韦德,即第四分支里的一个邪恶的通奸者。她之所以如此狠毒与悖德,故事中给出的解释是她并不是个完整意义上的人类,而是由魔法师们用花朵变幻而成的。威尔士传说体系中对女性的这种呈现方式,或许最能反映其背后基督教意识形态的元素,在这种意识形态之下女性绝大多数时候都是男性软弱无力的附属物、无助而不幸的处女(如第四分支中的戈伊温),或是恶贯满盈的非人存在(如布洛代韦德)。

•普伊尔与里安农•

> 他立刻上马追逐那女子。他跟着她来到一片平坦开阔的大平原,用靴子上的马刺不停催促马匹向前,可是马被催得越紧,似乎距离她反而越是远了。然而她看上去却依然保持着出发时的步伐和节奏。他的马渐渐疲惫了,速度也越来越慢,当他意识到这一点的时候,就掉头回到了普伊尔之前所在的地方。
> ——《马比诺吉昂》第一分支

《马比诺吉昂》的第一个分支以阿尔伯思领主普伊尔与异世界之王阿隆的奇妙相遇开篇。某天普伊尔和阿隆两人都出外狩猎,并且就究竟是谁的猎犬杀死了两人同时追逐的一头雄鹿展开了争执。他们最后协议以这样的方式解决争端:普伊尔答应了阿隆的请求,与他在接下来的一年零一天内交换位置,并且在这段时间里普伊尔还需要帮助阿隆杀死其宿敌哈夫甘。于是,普伊尔在阿隆的国度终日宴饮,度过了愉快的一年。

接下来的故事讲述了普伊尔以一种奇特的方式赢得其妻子里安农的过程。她第一次出现在普伊尔眼前时,他正坐在一个神圣的土丘（即"阿尔伯思王座"）上，看见一个遍体金色的绝美女子骑着一匹闪闪发光的白马从面前走过，无论是普伊尔本人还是他手下最好的骑手都无法追上她。只有当普伊尔朝她大声呼喊的时候她才停下脚步，

古奥尔与"袋子里的獾"

某天，当普伊尔和里安农正举办筵席庆祝他们订婚时，一个年轻人出现在了普伊尔的宴会大厅中，于是人们就邀请他坐下来一起吃喝。根据习俗，他向领主提出了一个请求，而普伊尔回答说，自己可以给这个陌生人他想要的任何一件东西。于是年轻人回答道，他想要里安农。原来他不是别人，正是曾被里安农拒绝的一个追求者古奥尔。里安农怒不可遏，而普伊尔陷入了两难境地，不知该怎么做才好，因为如果他收回之前的承诺，就要背上不守信用的骂名。

里安农想出了个主意。她给了普伊尔一个小口袋，嘱咐他细心保管。然后她又转向古奥尔，让他过一年零一天之后再来见她，届时她将为他准备筵席，并与他共寝。普伊尔则会在那个约好的日子衣衫褴褛地出现，手里拿着小口袋。于是当那天最终到来的时候，古奥尔带着他的随从来带走自己的新娘，而普伊尔也带着口袋到场了。就像之前计划好的那样，普伊尔请求里安农用食物装满自己的口袋，但无论她往里面放了多少东西，小口袋都还能装下更多。

古奥尔问里安农，这个口袋是不是永远都没办法填满了，而她则回说只有让一个强大的领主跳进袋子里，把里面的东西压下去才行。于是古奥尔立即跳进了袋子中，而此时普伊尔眼疾手快，立即系上袋口，将自己的情敌关在了里面。他随即吹响号角召集手下，众人一拥而上，将古奥尔的随从们制服并绑了起来。每当他的一个手下走进大厅，普伊尔就朝着袋子狠揍一拳，并问他们里面是什么东西。他们纷纷回答"是一只獾"。于是，"袋子里的獾"这个游戏就诞生了。在经历了一番谈判之后，古奥尔被放了出来，回家平复自己身心受到的重创。就在当夜，普伊尔和里安农最终完成了结合。

不久之后二人就结婚了。

他们的儿子普里德里的出生和童年经历同样充满了异世界魔法的元素。首先，里安农在婚后三年里一直没有生育，这让普伊尔宫中的廷臣们开始抱怨王位不能没有继承者，催促普伊尔废掉这个不能生养的王后另娶新人。普伊尔请手下再耐心等待一年，于是，就像在每个有趣的故事中都会发生的那样——里安农在这一年里生了个儿子。然后，一切就开始乱套了。在五朔节前夜（一个危险的时分，因为这天恰逢凯尔特的夏日节庆迎春节），新生儿突然消失了，当时负责看护他的众妇人恰巧都在沉睡。当她们醒来之后，由于惧怕因失职而受惩罚，便一起密谋构陷孩子的母亲里安农，并杀死了一只幼犬，将它的血抹在王后的手上和脸上，声称是里安农将孩子吃掉了。于是她不仅被指控谋杀幼子，还加上了食人的罪行。

尽管众人都建议普伊尔处死自己做出了如此骇人行径的妻子，但普伊尔却没有照做，而是罚她以苦行忏悔自己的罪孽。她所受惩罚的方式指向她与马的密切关联，这一点故事的讲述者早在叙述他们相遇的经历时就已经介绍过了。她被罚在 7 年的时间里，要像一匹驮运重物的牲口那样匍匐在宫廷大门外的马厩旁，所有来到宫廷的访客都可以骑在她的背上驱使她。通过这种方式，故事讲述者既表现了彻底的羞辱和虐待，同时也提醒了听众里安农与马有关的象征。故事的结局和里安农冤情的昭雪，将在后文进行叙述（见 100—103 页）。

• 创造和堕落 •

《马比诺吉昂》的全部四个分支中都充满了非人的存在与事件，而且这些都发生在威尔士的两大王室望族：南方的德韦达和北方的格温内斯之间。两个家族之间的紧张关系随着故事的叙述徐徐展开，而这些情节很可能映射着古代威尔士南方和北方势力之间真实存在过的冲突（即使到了今天，南北矛盾也并未完全消弭）。要将这些叙事中"童话故事"的方面，以及其中传达的关于善和恶、痛苦和欢乐的信息，与其本质上属于异教的神灵系统完全分离并不容易；在这些故事里，究竟谁是神灵，谁又是被掩藏起来的神怪力量玩弄于股掌间的区区凡人呢？

可能是在《马比诺吉昂》的第四分支中，包含着其最为显著的异教元素。故事中的一个中心人物：阿丽安萝德之子莱伊·劳·吉费斯，他的名字是他的舅舅格温迪昂起的，意为"聪慧者"，或"巧手"，因为他的妈妈拒绝给他取名。"莱伊"这个名字显然揭示了他作为光明之神的属性，与爱尔兰的鲁格同一（莱伊和鲁格同时也都是手工艺之神）。第四个分支中同时也讲了所有威尔士传说文献中最接近于起源神话的故事：关于格温内斯的国王马斯与他的"持足者"。

处女与国王

当时，马索努伊之子马斯只有将双脚放在一个处女的怀中才能生存，除非处于战争之中而无法这样做。当时为他持足的少女是佩彬之女葛伊温，来自阿丰的佩彬谷。她是她那一代中人们所知道的最美的少女。

——《马比诺吉昂》第四分支

第四分支的中心人物是格温内斯的领主，马索努伊之子马斯，整个故事都是围绕着他展开的。马斯几乎一定是神族的后裔。关于他的故事在威尔士传说体系中独树一帜，因为其中可能暗含了一个前基督教的"创造-堕落"神话。马斯拥有其力量的一个条件——实际上，可以说是他得以维持生命的条件——就是，除了他在外与敌人作战，平时他都必须待在家里，而且更怪异的是，他必须把双脚放在一个少女的怀中，而这个少女还必须要是处子之身。马斯的"持足者"名叫葛伊温。关于马斯身上这个奇怪的禁忌，最有说服力的一种解释就是这个人物源自爱尔兰神话中盛行的异教神话传统，即"骶骨王权"，其中身为凡人的国王需要与化身为"主权女神"的国家"结合"。在威尔士，这个传统的内涵得到了一些独特的发展："女神"的处子身份似乎反映了纯粹而不发散的女性性欲，其纯粹性和集中性是国家能够保持繁荣的关键。

不过，国王的脚与这片土地之间的关联可能有着更为复杂的根源。库克船长于18世纪中叶探索塔希提岛的时候，发现当地有这样一个习俗，当一个波利尼西亚酋长出访时，他必须全程被人抬在空中，否则就会有与邻邦挑起冲突的危险，因为他的脚踏足过的任何土地都会自动归他所有。当然，我们无法假定早期中世纪威尔士的习俗与18世纪波利尼西亚本地民族的信念有任何直接的关联，但库克的观察能够启发我们去进一步寻找更深层的，用以解读马斯之特异状况的线索。

在口头讲述故事的模式下，讲故事人一说出马斯统治格温内斯所需的这个特殊条件时，听众们马上就能意识到，这个条件在后文中一定会被打破，而事实也的确如此。马斯的侄子吉尔韦绥垂涎葛伊温的美貌，于是与其兄弟格温迪昂共谋发起一场战争，以迫使马斯离开他的宫廷和他的持足者。格温迪昂于是向马斯提起，南方的德韦达领主普里德里获得了一些特别的新牲畜，一群北方人从来没见过的猪，这些猪来自异世界（安农），是安农之主阿隆送给德韦达的礼物，它们的肉比牛肉还要香甜。马斯听了之后立刻想得到这些猪，于是派格温迪昂去取得它们。格温迪昂是个魔法师，有着精妙绝伦的故事讲述技艺，其语言魅力足以让任何人倾倒，将他想要的东西心甘情愿地送给他。他扮作一个友好的吟游诗人造访普里德里的宫廷，之后却设计偷走了那些猪。就这样，格温迪昂成功地挑起了战争。最终是格温内斯一方获胜，普里德里在战争中被杀死。

战争结束后，马斯回到家中，却发现自己的处女持足者已经被吉尔韦绥强暴了，自己也随之失去了力量。震怒的马斯随即将那两兄弟变成了野兽，立即打发掉了此时对自己已无用处的葛伊温，将她嫁给了朝中的一个贵族，并公开征求下一任持足者。一个名叫阿丽安萝德（意为"银轮"）的候选人前来应征，马斯为了测试她是否纯洁，命她跨过自己的魔法手杖。不幸的是，她在测试中彻底失败了：就在她一只脚跨过手杖的时候，生下了一对双胞胎。其中一个名叫迪伦的孩子立刻逃向了海洋，从此在传说中消失得无影无踪；而另一个孩子则被格温迪昂取走并收养了。故事并没有告诉我们，马斯最后究竟有没有找到一个新的持足者。如果没有的话，我们由此就可以判断他的王权力量将大大削弱。

阿丽安萝德为自己在处女测试中的失败感到羞耻，于是也十分敌视自己的这第二个儿子。她在他身上下了个诅咒：除了她自己之外，没有任何其他人可以给这个男孩取名字；也没有任何其他人可以让他获得武器；另外永远不会有女人做他的妻子。然而这个孩子的舅舅是格温迪昂，他通过魔法手段设法规避了这三个禁制。于是阿丽安萝德的第二个孩子被命名为莱伊·劳·吉费斯。为了绕过他母亲所下的第三个诅咒，莱伊娶了一位格温迪昂用魔法从花朵中召唤出的妻子。她的名字是布洛代韦德（意为"花女"）。然而她是个不忠贞的恶毒女人，后来想要密谋杀掉自己的丈夫（见124—126页）。

莱伊被布洛代韦德的情人格罗努投掷的标枪重伤，在性命垂危之时，他大叫一声，变成一只雕飞到了一棵橡树上。格温迪昂后来跟随着一头在树下觅食的母猪（又是猪！）来到那里，找到了他。

4 谜一样的威尔士：魔法之乡

•金碗与被施了咒语的土地•

在喷泉的一侧边缘，有一只系着四条锁链的金碗，放在一块大理石板上，锁链从上方悬挂下来，他看不见这些锁链的尽头在哪里。他被金碗摄人心魄的美和精巧的做工深深迷住了，于是走上去拿起了它。然而，他的双手一碰到金碗就动不了了，双脚也无法离开正踩着的大理石板一步，并且他的语言能力尽失，一个字也说不出来。

——《马比诺吉昂》第三分支

第三个分支的主人公，勒耶尔之子马纳威丹是德韦达王室的成员，布兰和布兰温的兄弟。同他在爱尔兰神话中的对应人物李尔之子曼纳南一样，马纳威丹也是个魔法师和玩弄幻术的人，同时他也有着精湛的手工技艺。他在普伊尔死后，与其遗孀，即第一个分支中的女主人公里安农结为连理。第一分支与第三分支间的另一个联系则是阿尔伯思王座。在第一分支中，这个王座让普伊尔初次见到了里安农，而马纳威丹对王座的造访则被证明是一场灾难。他和新婚妻子里安农，他的继子普里德里及其妻子席格法一起登上这个土丘，然而就在他们这么做的时候，整个德韦达被施了一道魔法，瞬间消失得无影无踪，他们眼前除了一片迷雾之外什么都看不见。

于是四人决定离开曾经是德韦达的那片虚空，远赴英格兰去碰运气。他们到了一个城镇，两个男人先后开了铁匠铺、鞋匠铺和马鞍店，但因为他们的手艺过于高超，抢了其他人的生意，被一群怒气冲冲的竞争对手赶出了城。英格兰待不下去了，他们只好回到了德韦达原来所在的地方，以打猎为生。然而，异世界从没有远离过他们。一次外出打猎时，马纳威丹和普里德里遇见了一头超自然的野猪。这头野猪身形庞大，通体雪白耀眼（和里安农的白马一样），将两个猎手和他们的猎狗一路引至某个陌生的城堡处。马纳威丹感到这个地方很可疑，就停住了脚步，然而普里德里却不听同伴的劝告，执意跟随那只野兽进入了城堡。一踏进城堡大门，他的目光就被面前用链条悬挂在天花板上的一个金碗吸引住了。他一碰到金碗，就中了魔咒，被固定在原地无法说话也无法活动。他的母亲里安农听说此事，也随后走进城堡并被相同的咒语困住。

马纳威丹无法再打猎，因为他的猎狗也已经跟着普里德里一同消失了。于是他转向了农业，开始种麦子。传说的这部分情节可能保留了古代的起源故事的元素，用以解释威尔士转向农业生产的经过（就像格温迪昂偷走普里德里那些神奇的猪的故事可能是用来解释畜牧业，特别是养猪活动的起源一样）。正当马纳威丹准备收获粮食的时候，他的两块田地却遭到了一群老鼠的袭击。

他做了精心准备，正等着这群老鼠袭击第三块田地时将其一举擒获，但却发现老鼠跑得比想象中要快，他只抓住了一只动作迟缓的怀孕母老鼠。于是他想了一个异乎寻常的主意来惩治这只老鼠——把它吊死，这时一个主教出现了，打断了他的行刑。马纳威丹认出这位主教其实和他一样也是个魔法师，而且旧日对里安农及其前夫普伊尔怀着仇恨，正是他下咒让德韦达变得荒芜破败的。要被吊死的那只老鼠实际上是他的妻子。马纳威丹提出，要想他妻子活命，就必须让德韦达恢复原状，并且释放被困在魔法金碗中的普里德里和里安农。那个魔法师照办了，于是马纳威丹就放了那只老鼠，让她变回了人形。

• 富有魔力的碗 •

那个能够对普里德里和里安农施放控制咒语的金碗，究竟有什么重要性呢？用贵金属制成的碗、盘和酒杯是繁荣富足的象征，而且在

4 谜一样的威尔士：魔法之乡

铁器时代早期到基督教发展初期的那段时间里，很可能还在不列颠和欧洲人民的生活中发挥着宗教功能。其中最早的代表性物品是在苏黎世的阿特斯泰滕区发现的一个制作于公元前 6 世纪，由金片压制的碗。这个碗周围一圈装饰着各种鹿、野兔和新月与满月交替出现的图案。它一定是祭司们在某种宗教仪式上使用的礼器，可能和夜晚有关。

在上文提到的时间段末尾处，人们在利默里克郡阿尔达发现了制作于 7 世纪的爱尔兰基督教圣餐杯，整个华丽夺目的杯体由银制成，内部饰有金线。无论是在异教还是基督教体系中，这样的杯子代表的都不仅仅是饮酒的器具，更代表着变化。酒是由果子或粮食的汁水变

制作于公元前 6 世纪，由金片压制的碗，发现于苏黎世阿特斯滕区。碗上饰有野兔、鹿和月亮的形状。

制作于约 700 年的阿尔达银质圣餐杯，上面刻有使徒们的名字，装饰着凯尔特风格的花纹和动物浮雕。

化而成的。而根据基督教传统，圣杯内装着的酒会在圣餐礼中变为基督的血。记录这些威尔士神话故事的基督教作者，在写下具有魔力的金碗在普里德里和里安农身上下咒的情节时，心里想着的很可能就是金银制圣餐杯的模样。如果是这样的话，这个故事就是异教和基督教传统的美妙融合：带有魔法的动物从异世界来到人类中间，引诱他们

圣杯

中世纪凯尔特文学中流传下来的一个标志性元素就是关于"圣杯"的故事。圣杯传说的发源地并非威尔士，而是法国。最早就这一题材展开创作的作者是活跃于约1180年的克雷蒂安·德·特鲁瓦。圣杯故事主要是一个"寻觅目标的故事"，最早是法国亚瑟王传奇的组成部分。其中的主角是亚瑟王麾下的一名骑士珀西瓦尔，有一天当他在野外漫游的时候，遇到了一个跛脚的老人，后者邀请他造访其城堡。与老人共进晚餐时，珀西瓦尔见到了一个怪异的行进队伍，打头的是一名手持滴血长矛的侍从，后面跟着一个美丽的年轻女子，手里捧着一只镶嵌了宝石的被称作"格拉尔"的杯子或碗碟。女子身后跟着手持蜡烛的人和一群身着丧服的廷臣。

珀西瓦尔是个很有礼貌的人，因而不好意思询问主人这个队伍是怎么一回事就睡下了。第二天早上当他醒来的时候，发现整个城堡空无一人。他继续上路前行，但不久后面前出现了一个年轻女人，她斥责他为什么不敢询问关于城堡中队列的事情。这个遭遇让珀西瓦尔陷入了疑惑和渴望的痛苦之中，于是他开始执意要寻找那个城堡，并发现了关于杯子的秘密。

另外一些中世纪法国作家也对克雷蒂安的这个圣杯故事进行了改写，将它与亚利马太的约瑟的生平联系在了一起。他们认为，城堡中侍从所持的流血的长矛就是罗马士兵朗基努斯曾用来刺十字架上耶稣的那一支，而女子手里捧着的杯子则变成了约瑟用来盛装基督之血的圣物。这个传说的另外一个分支则称，杯子是基督在最后的晚餐中所持的那个。

与其一道归去，而一个"基督教"的教会盘子被加入其中，以传达一个隐秘的、关于基督教之伟力的信息。

• 威尔士 vs 爱尔兰：两个世界的战争 •

考古学证据一致指出，自史前时代早期起，在爱尔兰与不列颠西部之间就存在着很强的联系。威尔士神话中频繁提及与爱尔兰的交往，而这些互动大多不甚友善。在《马比诺吉昂》四分支所描述的诸事件中最为灾难性的一件，就是威尔士与爱尔兰之间的大战，这次战争几乎将两个国家完全摧毁了。

神话的一个功能，就是用来解释自主定义的社群之间结盟或冲突的原因。在中世纪早期的爱尔兰-不列颠社会中，爱尔兰海起到的作用更多的是联结，而非隔离其两岸的居民。然而共享一个"凯尔特之池"这件事本身显然不仅可以成为友谊与协约的基础，更有可能构成冲突和紧张的源头，特别是当两个群体需要围绕土地、渔获或矿物资源展开争夺的时候就更是如此了。《马比诺吉昂》第二个分支的主要焦点就是北威尔士的哈莱克国王布兰与爱尔兰的国王马索卢赫之间的矛盾，这是由后者与布兰的妹妹布兰温的婚事引起的。故事从一开头似乎就在刻意构设紧张的气氛：尽管爱尔兰的国王前去威尔士的目的是向布兰温求婚，但他的十三艘船出现在威尔士北部海岸的时候，哈莱克宫廷却似乎事前对此一无所知。事实上，当他们第一眼看到爱尔兰的船队时，布兰和他的手下都以为是有敌人来入侵了，于是赶紧集结军队，做好了保卫家园的准备。

马索卢赫请布兰放心，他此行纯粹是出于亲善的目的，想要与布兰温结为连理。她的兄长同意了这门婚事，于是所有人——包括威尔士人和爱尔兰人一起——乘船前往安格尔西岛上的阿伯弗劳，那里是格温内斯领主的主领地。或许这个地方被选作仪典举办地是因为其地理位置：它位于不列颠的边缘相对孤立的地方，有着粗砺而曲折的海岸线，与不列颠本岛间由一条虽狭窄但水流湍急凶险的水域隔开，只有平底船或很小的小船才能渡过。两国宫廷的廷臣在这里一经会合，盛大的庆祝筵席就开始了。然而宴饮只能在帐篷里进行，因为布兰的身躯过于庞大，无法进入任何建筑物。

然而没过多久，灾祸就降临在这些欢乐宴饮的人群中了。布兰温的另一个兄弟埃弗尼辛对自己姐妹的订婚感到不满，于是把气出在了马索卢赫的马群身上，把爱尔兰人的马都刺伤致残了。为了平息布兰温未婚夫的怒火，布兰只好将自己最珍贵的宝物，复生之坩埚送给马索卢赫作为赔偿。于是婚礼仍按原计划举行了，布兰温也跟丈夫一起回到了她的新家。然而马索卢赫并没有轻易原谅或忘记这次侮辱，而布兰温婚后在爱尔兰宫廷中也受尽了欺凌。布兰听说了自己姐妹的不幸遭遇后，就向爱尔兰宣战了。坩埚的力量也可以很危险——马索卢赫将布兰的魔法坩埚用来对付布兰本人。每天晚上，他都将当天死去的爱尔兰将士的尸体浸入坩埚，等他们从坩埚中冒出来的时候，就又成了马上就能上阵杀敌的生力军。但这些被复活的战士只是些行尸走肉，他们无法讲话，也不会做战斗之外的任何事情。

最后，引发了这一场祸殃的主角埃弗尼辛的命运与坩埚合为了一体：他跳进了坩埚，自己当场死亡，但也把坩埚砸得四分五裂。布兰温目睹发生的这一切后肝肠寸断，也自觉战乱和屠杀全是因自己而起，于是怀着巨大的哀痛和悔恨，死在了霍利希德的阿劳河边，那是一个让她可以从自己婚后的家园望见儿时故土的地方。

经过这一战，爱尔兰人几乎被赶尽杀绝，只有五个怀了孕的妇女躲在岩洞里活了下来。她们每个人都同时生下了一个男孩。这些男孩长大之后，轮流与其他人的母亲生养后代，并将爱尔兰分成了五个部分，中世纪爱尔兰的五个省份就是由此而来的。这五个男人四处搜寻之前战役中遗落的财物,每个人都通过这种方式积累了大量金银——或许这个故事旨在解释中世纪的人们在爱尔兰对某些青铜时代和铁器时代遗留下来的贵金属器物的发现。

• 皮尔杜与女巫 •

"一共有九个女巫,朋友,"那位贵妇人对皮尔杜说道,"都和她们的父母住在一起。她们是凯洛伊乌的女巫。即使等到破晓的时候,我们能成功逃离而不被杀死的机会也不会比现在大。女巫们占领并摧残了这片土地,只有这么一座房子留下来。"

——《皮尔杜》

年轻的英雄皮尔杜是爱弗洛格(约克的古称,爱弗洛格是传说中这个中世纪城市建立者的名字)伯爵的第七个儿子。他和克雷蒂安·德·特鲁瓦的亚瑟王圣杯传奇中的珀西瓦尔很可能是同一个人物。爱弗洛格和他其余的六个儿子都战死了,只有幼子皮尔杜一个人活了下来。在威尔士的故事版本中,他的母亲为了保他不死,将他藏到了野外。一天,当皮尔杜在外面闲逛的时候,遇见了亚瑟王的几个骑士。他回家把这件事告诉了母亲,母亲便让他也前去加入他们。在路上经历了许多挫折,并和不少贵族一对一地单挑过之后,他终于到达了亚瑟王位于凯尔利昂的宫廷。

反复出现在皮尔杜故事中的一个主题就是善与恶之间永无休止的争斗。其中"恶"一方最为生动的化身就是凯洛伊乌(即今天我们说的格洛斯特)的九个女巫。实际上,"皮尔杜"故事中暗含着的一条意义线索就是,它将不列颠几个不同的地理位置联系在一起:英格兰的北部、西南部和威尔士东南部。一位贵妇警告皮尔杜要提防九女巫:

这些为害一方的女人们将她的城堡四周所有的土地都变成了荒原。在得到警告后的第二天黎明时分，皮尔杜就遇到了女巫中的一个，当时她正在袭击城堡的守夜人。我们的英雄立即伸出了援手，用力击打女巫的头。女巫认出了他，直呼他的名字，并预言自己将会被他所伤。接下来，女巫又建议他向自己学习战争技艺。由一个女性给予英雄军事方面的训练，这不禁让我们联想到阿尔斯特英雄库呼兰拜斯卡塔赫为师学习武艺的情节。斯卡塔赫的名字意为"暗影中人"，这表明了她的超自然属性（见96页）。与皮尔杜故事中的女巫一样，斯卡塔赫也能够预知未来。皮尔杜从女巫口中得到了不再继续破坏贵妇人城堡周围土地的承诺。于是他与九女巫一起住了三个星期，向她们学习战争技艺。

过了一段时间，我们的英雄又发现了女巫们的行迹，这次她们袭击的是皮尔杜本人的家庭，杀死了他的一个表亲，并将他的一个叔叔变成了残废。皮尔杜向亚瑟和另一位名唤高文西迈的骑士求得了帮助，带领一群勇士去对抗女巫。女巫们预言皮尔杜及其军队将会摧毁自己

皮尔杜上前援救被凯洛伊乌女巫扼住喉咙的守夜人。

4　谜一样的威尔士：魔法之乡

威尔士神话中的数字"九"

在凯尔特神话中，"三"这个数字（见 16—19 页）及其倍数都被赋予了浓重的超自然属性，皮尔杜故事的九女巫就是其中一例。来自异世界的女性形象与"九"始终有着紧密联系，在《安农的战利品》一篇中，亚瑟在前往安农（威尔士的异世界）的路上遇到了九个神圣处女，她们负责照料魔法坩埚——亚瑟此行意在偷取的宝物。距此一千多年以前的罗马作家彭波尼斯·梅拉也提到过另外九名女祭司，她们住在康沃尔最西边的锡利群岛中的一个岛上。这些女祭司供职的地方是一个著名的神谕所，她们自己也具有预言未来、治疗病人，甚至是操控海洋、风向和天气的能力。

的力量，而结果也的确如她们所料。凯洛伊乌女巫的作用似乎与爱尔兰神话中的战场女神巴德或摩莉甘的功能完全相同：她们都是女预言家，与战争相关并极具毁灭性，而且她们的命运与年轻英雄的经历都紧密联系在一起，以她们之"恶"与英雄的"善"形成对照关系。

• 亚瑟之谜 •

"去吧，"她说，"去亚瑟的宫廷，最优秀、最慷慨、最勇敢的人都在那里。在路上无论哪里遇到教堂，都要记得进去诵念一遍祷文。如果你看见酒和肉，当时又的确需要吃喝，而没人出于善意和礼节邀请你，就可以自己拿取。如果你听到有人呼救，就过去察看情况，特别是女人的呼救，比世界上其他的一切都应当更引起你的关注。"

——《皮尔杜》

凯尔特神话

亚瑟是中世纪的传说和历史记载中一再出现的一个标志性人物。在威尔士神话中，他的身上以一种奇怪的方式杂糅了基督教和异教魔法的元素。与他有关的故事中经常提到上帝，但同时具有魔力的动物和魔法坩埚也时有出现。亚瑟的名字与几个不同的地点联系在一起：包括凯尔利昂（那里罗马时代的圆形竞技场曾被人想象成最初的"圆桌"），分别位于康沃尔廷塔哲的凯尔特修道院和萨默塞特郡的格拉斯顿伯里修道院。很多地名也声称自己与亚瑟有关，如"亚瑟之石"——赫里福德郡的新石器时代墓葬与"亚瑟王座"——爱丁堡的一个铁器时代山顶堡垒。亚瑟故事的主体存在于中世纪法国骑士文学之中，特

亚瑟与罗纳布伊的梦

威尔士神话故事"罗纳布伊的梦"的文本形式成书于13世纪。它是关于皮尔斯王国及其君主马多克的故事。马多克有个兄弟叫约沃思，此人是个惹是生非的家伙，妄图在乡间煽动叛乱，推翻国家的合法君主。马多克呼吁其追随者们帮他找到约沃思的踪迹，罗纳布伊就是这些追随者中的一员。就像标题告诉我们的那样，这个故事是围绕着此人的一个梦展开的，他在战场上躺在一张公牛的皮上睡着了并做了个梦，在梦中看到了一组复杂的异象。

亚瑟在这个梦中是一个杰出的人物，别人提及他的时候称他为"不列颠的皇帝"，而他的死对头埃达格则被称为"不列颠的灾星"，他们之间的敌对关系导致了发生于约540年的"剑栏之战"。（这场战争历史上确有其事，发生于信仰基督教的不列颠人与信仰异教的撒克逊人之间，《威尔士编年史》对其有记载。）"罗纳布伊的梦"中有许多超自然的特征，其中之一就是当欧文与亚瑟玩凯尔特版棋（古代的一种棋类游戏）时，召唤出来与亚瑟的手下作战的魔法乌鸦大军。乌鸦战士们占了上风，但是两人最后握手言和。这局版棋结束的时候，罗纳布伊也随即从他做了三天三夜的这个大梦中醒来。

4 谜一样的威尔士：魔法之乡

别是克雷蒂安·德·特鲁瓦在12世纪晚期收集的那些故事。不过许多威尔士神话传说故事中也提到了亚瑟，包括"库尔威奇与奥尔温"和"皮尔杜"。在这些故事中他总是被呈现为一个超群绝伦的英雄人物，武艺高强，身边簇拥着一群英勇的骑士。

在较早的历史记载，例如内尼厄斯写于9世纪的《不列颠的历史》中，亚瑟是一个带领不列颠人民抵御外族侵略——来自北方、西方或东方的都有——的领袖形象。作为历史人物的亚瑟，最为突出的功绩就是6世纪初在巴斯附近的巴顿山击败英国人。他既不是国王，也不是王朝的开创者，而是一个战争统帅，在5世纪早期不列颠脱离罗马帝国统治之后，在岛上出现了一些小的独立王国，而亚瑟就是这些王国的战时领袖。围绕着亚瑟这个形象的一系列传说比他本人重要得多。历史上确有其人的亚瑟，激发了一系列作者的灵感，让他们创作了丰富的关于中世纪骑士文化、英雄主义和臻于完美的武艺的传说故事，这些故事不仅在威尔士，也在整个不列颠以及更远的地方广为流传。

位于凯尔利昂的罗马圆形竞技场复原图，模拟的是它在1世纪末、2世纪初时的样子。

·5·

英雄的份额：神话中的英雄们

> 当许多人一起吃饭时，他们会坐成一圈，把最有影响力的人围在中间……无论他是在战斗的技巧，出身的高贵，还是在财富方面胜过他人……当牲畜的后肢部分被端上来的时候，最勇猛的英雄将得到后腿上最好的那块肉，如果另一个人也声称自己该得到那块肉，他们两个就站起来单挑，直到其中一方被杀死为止。
> ——《阿特纳奥斯》第四卷

3世纪的希腊作家阿特纳奥斯曾记录过一系列高卢人所遵循的习俗，其中很重要的一部分就是举办宴会，以及选择在这些筵席上荣耀他们最伟大的战士。这些筵席的重点在于大量的肉食，根据更早些的一位作家迪奥多罗斯的说法，他们一般先把肉放在大锅里煮熟，然后串在烤肉叉上烧烤。酒是装在一个公共容器中，在人与人之间传递，但是最受崇敬的英雄总是被授予最好的那一块肉。人们吃肉的方式是将一大块肉用双手抓住，然后大口大口地咬。

这些古典时代作家的记载中有两个对凯尔特神话具有重要意义的元素：聚众宴饮，和"英雄的份额"。这两个主题在爱尔兰和威尔士神话文学中都扮演着重要的角色，对肉类——尤其是猪肉——和酒的过度消费与威尔士和爱尔兰的异世界存在关联。更重要的是，爱尔兰国王的选择，以及被选上的国王是否能获得支持，取决于他对人民的慷慨和对贵族的恩典。一位名叫布雷斯的国王失败得很惨：据说他出了名的吝啬是造成农作物歉收的直接原因，这表明爱尔兰的主权女神自己背弃了他，并从他手中收回了主权。

• 欧洲铁器时代的权力饮酒 •

与任何其他精神类药物一样，酒精摄入过量也会扭曲心智，导致"灵魂出窍"的体验。在史前欧洲较晚时期，饮酒似乎被特别地与葬礼仪式和典礼关联在一起，这或许是因为饮酒被认为是与神灵世界联系的一种手段。在整个不列颠和欧洲的铁器时代，有一个长期存在的习惯，就是将食器和酒具与精英阶层的死者一起下葬，这样做不仅是为了给他自己使用，也是为了举办酒会，类似于古希腊的全男性饮酒俱乐部"会饮"。位于德国霍赫多夫，约公元前550年的一位酋长的坟墓里有一张卧榻，上面躺着尸体，还有可供9人使用的全套餐具和一个装有300升（66加仑）蜂蜜酒的希腊大锅。坟墓的墙壁上挂着9个用来饮酒的角杯，而酋长自己的角杯则放在他头部的上方，里面装着5.5升（10品脱）的烈酒。

在英格兰东南部和高卢北部，地位很高的火化墓葬群中也经常表现出对宴饮的关注。在那里，他们着重强调的元素是地中海葡萄酒，把双耳瓶（一种盛酒的陶制容器）连同酒杯、滤酒器、橄榄油罐和装有当地自酿酒（如麦酒或发酵浆果汁）的圆筒形桶放在坟墓里。埋葬这些器物的目的是强调大量饮酒的重要性，很可能这种葬礼的核心是与神灵沟通，从而简化死者需要经历的通行仪式，使灵魂能够不受阻碍地进入异世界。

人们在早期爱尔兰也发现了铁器时代存在大规模盛宴的证据。许多有着精致的鸟头状手柄，精雕细琢的饮水杯——例如出土于利特里姆郡克什凯瑞干的那个——可能来自铁器时代或基督教早期，而且显

5 英雄的份额：神话中的英雄们

约 12 世纪的卡瓦纳宪章角，曾用于爱尔兰莱因斯特的卡瓦纳王登基典礼上。

然是用于比日常家庭使用更为重要的场合的。在安特里姆郡卡里克弗格斯发现的单柄大酒杯与威尔士铁器时代晚期的同类容器一样，是专为在筵席上传递共用酒水而设计的，正如迪奥多罗斯所描述的那样。也许类似的酒器在公共宗教活动中也会使用，然后可能因为它们被赋予了过多的神圣性或灵性力量而不能继续被传递下去，所以被郑重地埋葬在了湿地之中（水被认为是人与神灵世界之间的通道）。但是，就宴饮的重要性而言，还有什么比 12 世纪青铜制的爱尔兰酒角"卡瓦纳宪章角"更具有说服力呢？它在问世 300 年后，被人们用来为一个莱因斯特王位的宣称者赋予正当性。

• 异世界的筵席 •

为了准备这次盛宴，麦克达索将他的猪屠宰了。这头猪被六十头奶牛喂养了七年,动用了四十头公牛才把它拉到筵席的地点。

——《劫掠库林之牛》

爱尔兰和威尔士的神话经常提到一个"快乐的异世界",在那里有着无休止的盛宴和狩猎。在爱尔兰,这些异世界盛宴的核心是可以源源不断产生食物的坩埚和肉会不断长出来的猪。每个神灵都有他或她自己的旅店或仙丘,在每个旅店中宴饮都占据着中心位置。《鞑德嘎旅店》是一个爱尔兰故事,里面描绘了一幅令人不寒而栗的"烤猪"画面:在那里,每天都是同一头猪被屠宰和吃掉,继而它又重生并再次被杀死;在那里,盛宴的主人被描述为肩上扛着一头猪的男人,猪已经烤熟了,但还是不停发出尖叫。他出现在阿尔斯特国王康奈尔面前,

被附了魔法的猪

《圣经·新约》中格拉森猪群的故事是个有关魔鬼附体的故事。耶稣从一个病人身上驱赶出了一"群"魔鬼,并将这些邪灵赶进一群猪里,猪就横冲直撞,从悬崖上摔下去死掉了。正如我们将在第6章看到的那样,被附了魔法的猪是凯尔特神话中常见的一个主题,很可能是因为猪肉是一种具有象征意味、只有地位高的人才配享用的食物,也因为野猪被他们视为最勇敢的一种动物。

爱尔兰神话故事中对猪肉的强调,与猪肉在英国和欧洲铁器时代考古记录中被作为高等肉类出现这一事实相符。人们经常发现有整条整条的猪腿与死者放在坟墓里一起下葬,而这些坟墓的财富表明死者的地位很高。有一组独特的坟墓,即出现在铁器时代中晚期的所谓的"战车埋葬",多见于约克郡东部和法国东部的马恩地区。这些坟墓的特点是:一个男人或女人的尸体同一辆轻便的两轮车埋在一起,车子可能是被装配好的也

5　英雄的份额：神话中的英雄们

是一个只有一只眼睛、一只手和一只脚的怪物，胫骨厚如车轭，臀部像巨型奶酪一样大，所有这些身体上的畸形都表明他来自异世界。

阿尔斯特故事群中有一个名为"麦克达索的猪"的故事，是特别与猪肉中"英雄的份额"有关的，它成了阿尔斯特和康纳赫特之间敌对情绪聚焦的对象。麦克达索是莱因斯特的国王，拥有一条两国人民都很觊觎的巨大猎犬。国王答应把狗既送给阿尔斯特又送给康纳赫特。当两国的人都来认领这只动物时，国王邀请他们去他的大厅一起参加筵席，大厅的中心放着一只巨大的烤猪。阿尔斯特和康纳赫特的勇士们为了英雄的份额应该归谁而争吵起来，麦克达索放开拴着他猎犬的绳索，想看看它支持哪一方：狗选择了阿尔斯特一方，于是康纳赫特人失败了。鉴于这个故事是阿尔斯特故事群的一部分，这个结果一点都不让人惊讶。

铁器时代晚期的石像，男人颈上戴着项圈，躯干与一头野猪交缠在一起。

可能是拆散的部件，还有一些金属材质的陪葬品，包括武器或个人物品，以及一些猪肉的残骸。

铁器时代的人们认为野猪是英勇的动物，并因此而崇敬它，这表现在当时的战士们会使用野猪作为徽记，绘制在头盔和盾牌上。公元前1世纪时，有人在林肯郡的威瑟姆河处（可能是向胜利之神）祭献了一块盾牌，盾上饰有一头野猪的奇异形象。人们还曾将名为卡尼克的战斗号角带入战场，这种号角的开口被做成了野猪头颅的形状，制造了极其可怕和混乱的喧嚣。有古典时代的作家对此评论道，战场上的心理战几乎和武器一样奏效。

在威尔士传说的异世界中,也有宴饮的一席之地。对其最生动的描述出现在《马比诺吉昂》的第一个分支,当时德韦达的英雄领主普伊尔与异世界的国王阿隆在一年零一天中交换了位置。当普伊尔到达异世界时,发现这是他所见过的最壮观的宫廷,有宏伟的大厅、侍候他的侍从,阿隆的王后身穿华丽的金色锦缎、珠光宝气的骑士和淑女、华丽的桌子上摆满食物和酒,此等奢华他自觉前所未见。这一年的时间,普伊尔完全是在狩猎、宴饮、歌唱和谈话中度过的。

•凯尔特英雄•

英雄在神话里占有中心地位,因为他们是超人、半神,是物质世界和神灵世界之间的桥梁。这种杂糅、充满张力、处于边缘地带的角色既无比强大又极其脆弱,因为他们不属于任何阵营,而众神又无法抗拒干预他们的冲动,常常利用他们来挑起战争,以谋求自身在神灵世界中的优越地位。古希腊罗马神话中的很多伟大人物,如阿喀琉斯、赫拉克勒斯和埃涅阿斯等的命运无不如此。

在凯尔特神话中,英雄——几乎都是男性——是男性美德的典范,或曰其为柏拉图式理型。他们有些是巨人,如威尔士的布兰;还有一些人在战斗方面天赋异禀,并且这种天赋在尚不稳定的童年时期就表现出来了,其中最著名的就是阿尔斯特英雄库呼兰。

英雄与单打独斗

> 他身着胸甲和红色披风
> 巍然屹立于战场中央
> 在那不祥的战车之上
> 形状扭曲的人正大杀四方

> 他将摧毁整个军队
>
> 所到之处尽是血光
>
> 你们会数以千计地死去
>
> 我是菲迪露玛。我从不隐藏实情。
>
> ——《劫掠库林之牛》

上面的文本中,女先知菲迪露玛在警告媚芙,阿尔斯特的英雄库呼兰(见下文)有着惊人的单人战力。《劫掠库林之牛》是阿尔斯特散文体神话故事的核心文本,叙述了阿尔斯特(其国王是孔赫沃尔)和由媚芙女王统治的康纳赫特两个大国之间的战争传奇。两者之间的长期冲突在两大公牛——阿尔斯特的褐牛与康纳赫特的白角牛费恩宾纳赫之间的竞争中爆发了。虽然媚芙的公牛以勇气和耐力著称,但她觊觎褐牛,并试图"借用"它。阿尔斯特人拒绝了她,于是女王就集结大军入侵阿尔斯特,偷走了褐牛,大战由此开始。阿尔斯特人处于劣势,因为媚芙给他们下了一个诅咒,使他们的战士都像刚刚分娩的妇女一样虚弱。唯一免受这一祸害的人是库呼兰,因为他是位超凡绝伦的英雄,他在其神圣化身——战争女神巴德的帮助下,单枪匹马地抵御住了康纳赫特军队的攻势。这两头公牛也互相争斗:阿尔斯特的褐牛杀死了媚芙的白角公牛,但随后也因筋疲力尽而死。

单打独斗和个人英雄是神话中的常见元素:阿喀琉斯和赫克托耳在特洛伊城外的较量,或是大卫和非利士巨人歌利亚在《圣经·旧约》中的战斗都是例子。在描述公元前1世纪铁器时代的高卢人之间的战斗时,古典作家只提到过这种形式的军事前戏:两军摆开阵势,然后每一方推选出一个英雄,与敌军的英雄进行一对一作战。有时他们的交锋仅仅止于耀武扬威地叫阵、炫示精良的盔甲、挥舞刀剑并用言辞互相威胁。但是,如果两人真的上场交战了,其结果往往就直接决定了战役的胜败,而无须大规模的流血冲突。因此,作为战斗代表的英雄对他所在的社群极为重要，他不仅决定了该社群的地位，而且能保护其宝贵的人力资源，不至在战事中折损过多。

• 库呼兰：库兰之犬 •

在新的猎犬长大之前，我自己会做你的猎犬，保护你本人和你的畜群。我还会保护整个牧瑟夫尼平原，谁都不能在我的眼皮底下把牲畜偷走。

"那么从今往后你就叫作库呼兰，'库兰之犬'。"凯斯巴宣布说。

——《劫掠库林之牛》

阿尔斯特最伟大的英雄库呼兰被描绘成了一个具有超自然神力和地位的人物。他父亲的身份并不确定，但他可能是光明与手工艺之神鲁格的儿子。作为一个凡人中的巨人，他在童年就做出了一系列惊天动地的壮举，比如他在五岁的时候就单枪匹马地打败了孔赫沃尔手下少年团中的五十个少年。当他还是个孩童的时候，就要求得到武器，成为一个完全成熟的战士；人们先后拿了十五副武器给他，然而这些武器一过他的手就被他几下折断，或被其臂力震得粉碎。最后他终于接受了属于国王本人的武器，就连这些武器也需要事先加固才能经受住新主人的神力。库呼兰的极度早熟也表现在他的外表上。他不仅有令人目眩的美貌，而且还具有异于常人的体貌特征：三色的头发，每只眼睛有七个瞳孔，每只手上有七个手指，每只脚上有七个脚趾。

"Cú"一词是爱尔兰语中"狗"的意思，它经常被用作一种荣誉称号，授予特别勇猛和娴熟的战士。库呼兰的本名叫赛坦塔，但他以一种奇异的方式获得了这个绰号。在他还是一个少年的时候，杀死了铁匠库兰的猎犬，于是他为了忏悔自己的这一过失，自愿承诺代替猎犬的位置，守护铁匠的家产，甚至自己也改名为"库兰之犬"。

这个关联后来成了英雄陨落的祸根。因为他立下了这条誓言，身上就自动有了一个禁制：他永远不能吃狗肉。打破禁制通常会招致个人灾难，事实上，在英雄的生命接近尾声时，他是被迫打破这条禁制

罗马不列颠的神圣猎犬王

威尔特郡内特尔顿灌木丛的一个神祠所敬拜的神是阿波罗·库诺马格鲁，或"猎犬之王"。伦敦南华克发现的一块石板上刻有一位不知名猎手–神灵的形象，其左右分别立着一条巨大的猎犬。这只是罗马不列颠众多与狩猎有关的本土神灵中的两个例子。狗似乎是他们崇拜的中心，由这一证据反映出来的狗和神灵之间的密切关系可能在某种程度上构成了库呼兰神话的原型。

伦敦南华克发现的罗马不列颠猎手–神灵雕塑。

在许多不同的狩猎传统中，猎手都是一个特异的角色，需要与其他人区分开，并在狩猎前保持自己的纯洁和禁欲。猎人和猎物之间的关系也很复杂。猎人必须对猎物表示出敬意，否则这些兽群就不会再次回来供其重新狩猎了。因此，狩猎活动集中地体现出了其参与者间错综复杂、彼此间存在明显矛盾的联系。在某种意义上，猎犬可以被看作一个媒介，正如威尔士神话中成群的狗灵能够促成物质世界和精灵世界之间的转换一样。作为一个半人半神的英雄，库呼兰本人也在宇宙的不同层面之间担当了中介者的角色。

的，因为只有这样才能避免破坏另一条禁制——拒绝款待。一次，当他在别的地方做客时，主人端上了狗肉，这就让他面临一种进退两难的双重束缚。他最后吃了面前的肉，于是命运就在那一刻被注定：不久后他就在战场上阵亡了。

库呼兰与动物的亲近关系，也显示了他的超自然英雄属性。除了狗，他还与马有着重要的关联。有两头小马驹与我们的英雄在同一时刻诞生，一起长大，后来它们就成了他战车上的马，被命名为玛恰的灰马和圣格利乌的黑马。它们的命运与英雄本人的命运紧密地交织在一起：在他殒命其中的最后一战之前，灰马流下了带血的泪水。

斯卡塔赫的训导

年轻的库呼兰的战争技艺是一位名叫斯卡塔赫的女人教授的，她名字的意思是"暗影中人"。她不仅是一个令人生畏的战斗教练，也是一位先知，可以用占卜术预知未来之事。她的训练极为高明，以至于把库呼兰变成了一台无人能敌的战斗机器。斯卡塔赫"住在阿尔芭"（具体位置不详，我们只知道这个地方位于阿尔斯特以东某处，可能在苏格兰）。当我们年轻的英雄去那里旅行时，她的学生们把他引到一个小岛处，小岛通过一座桥与陆地相连，而没有受过战争技艺训练的人都无法从桥上走过。库呼兰三次试图过桥，然而每次桥的远端都会翻倒，将他四脚朝天摔在地上。最后，库呼兰陷入了狂暴状态，飞一般跑过了桥，让桥来不及掀翻他。

斯卡塔赫的漂亮女儿华塔赫在大门外遇见了我们的阿尔斯特英雄。她告诉他，如果他的确想要学习如何做出英雄的事迹，就必须跳进一棵巨大的紫杉树，她的母亲就在里面休息；然后把剑放在她母亲的双乳之间，逼迫她承诺三件事：彻底的训练、将女儿嫁给自己以及预言他的未来。于是他照办了，让斯卡塔赫收了他做学生。

5　英雄的份额：神话中的英雄们

狂暴英雄

　　库呼兰被一阵狂暴发作攫住，变得面目全非，形状可怖，是人们此前所未见过的。他的小腿和关节各处，从头到脚每个指节、肢体和器官像洪水中的树木，或是溪流里的芦苇般抖个不停。他的身体在皮肤之下狂怒地抽搐了一下，双脚、胫骨和膝盖转到了背后，脚跟却转到了前面。

——《劫掠库林之牛》

　　虽然爱尔兰的神话故事中充满了英雄，但库呼兰是其中唯一一个经常"狂性大发"（warp-spasm，直译"扭曲痉挛"）的人，这是一种疯狂的战力过载状态，使他能够杀死大量的敌军士兵。但处在发狂状态下的英雄也无法将自己的同伴与敌军区分开。关于此事有一个迷人的故事：有一次，阿尔斯特人被库呼兰疯狂的杀戮吓坏了，于是他们

库呼兰的魔法武器

　　作为一位超自然的英雄，我们的阿尔斯特勇士也拥有特殊的武器和盔甲来帮助他战胜敌人。其中最令人畏惧的是盖尔布尔加矛，这根矛有着锋利的倒钩，所有被其伤到的人都会随即殒命。海神曼纳南还给了他一个面罩用来保护他的脸，而库呼兰战车的驾驶者可以用一条隐形斗篷将整个战车连人带马罩在下面，让别人无法看见。

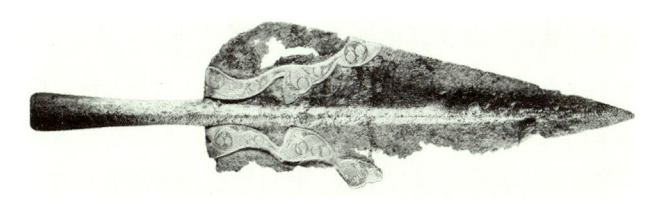

在伦敦泰晤士河中发现的铁器时代镶金矛尖。

派了一群裸体女人去找他,希望看到她们时的尴尬能让他平静下来。当她们也失败了之后,人们发现显然需要更激烈的手段才能使英雄从战争疯狂中走出来。阿尔斯特人决定把他抛进盛着冰水的大锅里,不过要用三桶冰水才能奏效:第一锅水一碰到他的身体就全部汽化;第二锅水也被他煮沸了;直到第三锅水才能将他冷却到足以结束狂暴状态的程度。

狂性大发会对他的身体造成可怖的影响:英雄的躯体变得扭曲,在皮肤之下翻转;头发根根直立,头上现出模糊的光晕;肌肉膨胀,好像要从他的身体爆裂而出一般;一只眼睛从脸上凸出来,而另一只则深深地沉入头骨;嘴唇剧烈地向后收缩,以至于喉咙清晰可见;他雷鸣一般的战吼召唤来了许多精灵,他们与他一起呼号啸鸣,吓得敌人魂飞魄散。

• 众神的触摸:库呼兰与超自然力量 •

人们给了他一辆战车。然而他双手一握住两条辕之间的地方,车架就随之断裂。就这样,他连续报废了十二辆战车。最后人们只好把孔赫沃尔国王本人的战车送给了这个男孩。
——《劫掠库林之牛》

库呼兰的超自然身份还得到了一系列其他故事讲述策略的强化,特别是有关他英雄事迹的预言,以及他与神灵的紧密关系。在这位阿尔斯特英雄的童年时代,当他要求获得武器时,大德鲁伊凯斯巴就预言道,在那天第一次拿起武器的人,将有短暂但充满荣耀的一生。当康纳赫特和阿尔斯特之间的战争一触即发时,女先知菲迪露玛又正确地向媚芙女王预言,她的王国将被一个金发男子打败,他的头上笼罩着英雄的光晕,咆哮时双唇会向内缩进,有许多圆睁的瞳孔,他会让康纳赫特消失在一片血海之中。

在他的一生中,库呼兰遭遇了很多男女神灵,他们有时帮助他,有时则给他带来磨难。当他身患一种逐渐消瘦虚弱的病症时,是他的父亲鲁格治愈了他,但对英雄影响最大的神灵莫过于战争女神摩莉甘和巴德,她们现身的时候经常三位一组,可以随意改变外形,在战场上以食腐乌鸦的形态出现,啄食阵亡者的血肉。库呼兰和这些可怖的女神之间最惊人的一次相遇,就是在阿尔斯特和康纳赫特因公牛而起的那场冲突之中。

一位年轻的贵妇走近英雄,声称她爱慕他,仰慕他的伟大事迹,

垂死的库呼兰被绑在树上以保持直立的姿态,巴德化身的乌鸦栖息在他的肩膀上。这是奥利弗·谢坡德于1916年为都柏林市邮局所作的真人尺寸青铜像。

并为他带来了财宝和牲畜做礼物。库呼兰粗暴地回答道,他现在没心思考虑性;因为有更重要的事情占据他的头脑。他的粗鲁激怒了女孩,于是她揭示了自己的真实身份——摩莉甘。她威胁要在河流的浅滩处攻击他,她会先变成一条鳗鱼,然后变成灰狼,最后变成一头没有角的红色小母牛。库呼兰也针锋相对地回以威胁,使她暂时离开了他。

"浅滩浣衣者"的出现预言了英雄最终的死亡,这也是摩莉甘的一个化身,在河边为即将被杀的人清洗盔甲。当他登上战车时,所有的武器都落在了脚下,仿佛有意抛弃他(或者为他哀悼)一般。库呼兰在战场上受了致命伤,以一种只有英雄才配享有的姿态死在了由神灵打造的武器之下——杀死他的长矛是由铁匠之神伏尔坎锻造的。他知道自己快要死了,就把自己绑到一根柱子上,这样他就可以面对着敌人以一种直立的姿态死去了。笼罩在他头上的英雄光芒也黯淡了下来,随着生命从他身体里渐渐流失,又名巴德的摩莉甘就化身为乌鸦落到他的肩膀上,以向他的敌人示意他已经死去,可以安全地靠近了。

• 普雷德里与威尔士的英雄传统 •

这个男孩一岁之前是在宫廷中被抚养长大的。还没到一岁的时候,他就能矫健地行走了,比一个身材高大、发育良好的三岁男孩还要强壮。到了他两岁的时候,就像其他六岁的孩子一样强壮。而到了快四岁的时候,他就去缠着看马厩的少年,想让他允许自己独自一人去饮马。

——《马比诺吉昂》第一分支

要想成为凯尔特英雄,你需要在童年时代就优异于常人,就像库呼兰那样。阿尔伯思领主普伊尔与其妻子里安农生下的儿子普雷德里显然也满足这条要求。里安农自身就不是凡人，而是一位马之女神。我们已经提到过（见69—71页）他们的儿子是怎样离奇失踪，而他的母亲又是怎样被惩罚的故事。但是，那个在她睡觉的时候从里安农身边被偷走的孩子后来又怎么样了呢？

隐蔽的萨满

以库呼兰作为主角的那些故事中，有一些隐晦的线索指向其背后可能存在的萨满教传统。这位阿尔斯特勇士处于"狂性大发"的模式中时，会经历一个萨满式的灵魂出窍状态。他与狗和马的联系也暗示着这些动物是萨满专属的"灵助"，能帮助他掌控和融合凡俗与神灵两界的力量。

摩莉甘是位变形者，而变形也是萨满的经典属性。《劫掠库林之牛》中摩莉甘在浅滩上的形体变化能力也让我们想到萨满教元素。在许多萨满教传统中，萨满们都会选在较浅的水域举行仪式，因为浅水被认为是凡俗和神灵世界之间界限最为薄弱之处。

法国纽瓦文-恩-苏利亚斯出土的青铜马雕像。

故事发生的地点从阿尔伯思转到了格温特-伊斯科伊的领主泰尔农·特劳夫·利安特的宫廷之中。他的家庭多年来一直被一件咄咄怪事所困扰：每年的五朔节前夜，领主最心爱的母马总是会生下一匹极好的小马驹，然而它一出生就消失得无影无踪。就在里安农和普伊尔的幼子失踪的同一天晚上，泰尔农决定彻夜不眠守在马厩里，试图揭开这个神秘事件的真相。

他的母马刚刚诞下小马驹，一只巨大的爪子就出现在窗口，抓起小马，将它从窗子上的裂缝中拖曳出去。泰尔农立即出击，砍断了爪子，将小马驹夺了回来。就在这时，他听到了一声像是来自异世界的骇人尖叫，随即外面传来一阵骚动的声音。他冲出去想看看发生了什么，但在黑暗中什么也没看见。回到马厩后，泰尔农却发现有个漂亮的男孩躺在门槛上，周身包裹着一条锦缎披肩，显示着他高贵的出身。

泰尔农和他的妻子决定留下这个孩子，把他当作自己的孩子抚养长大。他们为男孩取名叫格瓦里，意为"金发"，因为他有着耀眼的金色头发。他们很快就注意到这个小男孩的成长速度远远超过同龄人；只有一岁的时候就比其他三岁孩子还要高大。现在神话的讲述者开始巧妙地收束围绕在这个故事周围的象征之环。观众很可能已经猜到这个孩子不是别人，正是里安农和普伊尔失踪的儿子，但在揭示孩子的

铁器时代的金币，由布列塔尼的雷蒙德斯铸造，币面上描绘的是一位赤裸的女骑手挥舞着盾牌和长枪。

真实身份之前，讲故事的人还是为这个结局做了足够的铺垫。

格瓦里长到四岁的时候，泰尔农的妻子建议对小马加以训练，并将其送给他们的孩子。这个情节非常漂亮地预先让男孩与马的关系呼应了他的母亲里安农与马的密切关系。当普伊尔儿子失踪的消息传到格温特–伊斯科伊时，神话传说的闭环终于合上了；泰尔农意识到他们的养子的容貌酷似普伊尔，便将他送还了阿尔伯思，普伊尔的整个宫廷都为王子的失而复得感到无比喜悦。里安农被免除了她的苦役，于是她把这个男孩改名为普雷德里，意为"忧虑"或"担心"。

就像库呼兰的故事一样，关于普雷德里的叙事中也融入了许多超自然的元素。尽管里安农被指控犯有杀婴和吃人的双重罪行，但她却免除了被处死的命运。婴儿以一种无法解释的方式消失了，又在一个遥远地方的门槛上被发现，而门槛这个位置传统上象征着沟通着凡俗世界和神灵世界的临界领域。除此之外，普雷德里还与马有着亲密的关系，特别是与和他同时出生，并被某种魔法力量交换了的那只雄驹

女神爱珀娜以其惯常的姿势骑在马背上，手里拿着果子。这位骏马女神很可能是里安农神话的源头。

的关系尤为密切。当然,标示着普雷德里英雄身份的终极特征是他的早熟,与他在阿尔斯特的对应人物库呼兰一样,他后来也成了最美丽并且最富成就的人。

·6·
富有魔力的动物和边缘的存在

"圭纳布伊之鹰啊,我们是亚瑟派来的使者,想问你是否知道关于莫德隆之子马彭的消息,他出生只有三天的时候,就被从母亲的怀里夺走了。"

那鹰说道:"很久以前我就来到了这里,而我初到这里的时候就找到了一块巨石,每天夜里都可以站在巨石顶上啄食星星。"

——《库尔威奇与奥尔温》

凯尔特神话的基石,是对神灵和精怪潜伏在人们周围每一个角落的感知。人类与他们感知到的神灵世界之间的关系可能颇为紧张,充满风险和不稳定的因素。世俗领域与精灵领域间的边界可能会变动并变得稀薄,从而相互渗透和侵蚀。变形生物和神奇动物之所以持续存在,其根本原因似乎是人们居住的物质世界本质上是不稳定的,就像大陆板块的漂移会造成地震带的持续存在一样。神灵干预人类生活的能力在凯尔特神话中占据着重要的位置。

虽然这一点从来没有在故事中得到阐明,但神话中有种种线索指向其中的许多人物具有萨满属性:他们有能力在不同世界之间穿梭,而当他们这样做的时候常常会变成动物形态。事物的"正常"模式可以被推翻:动物和人类可以交换身体形态;神可以以其他人类、野兽或怪物的形态出现在人们面前;而女神们会在年轻的姑娘、成熟的女士和老妇人等各种形态之间转换。

触犯了道德或法律的人可能会被变成动物作为惩罚，不过相反地，兽类有时也会被赋予人类的技能，例如说话，而有些则拥有预言的能力。有些动物——特别是某些狗、马和牛——显然是来自异世界的。这些动物的非凡源头在它们的外表上也有所体现：它们经常通体呈耀眼的白色或红色，或是有着白色的身体和红色的耳朵。中世纪讲故事的人会用类似动物的颜色这样的叙事设定向观众传达魔法和幻术的概念，而故事的聆听者也必然熟悉这些被编码的信息及其含义。

• 马斯的诅咒 •

于是马斯拿出魔杖，对着吉尔韦绥施放了一个咒语，将他变成了一头膘肥体壮的雌鹿，随即又迅速抓住了格温迪昂——后者本想逃走，但又哪里逃得掉——用同一根魔杖把他变成了一头雄鹿。

"既然你们兄弟俩向来狼狈为奸，那我就把你们配成一对好了。"

——《马比诺吉昂》第四分支

在爱尔兰神话中，人与动物之间的形态转变往往是出于自愿的。例如，战争之神摩莉甘与巴德可以随心所欲地从女人变成食腐乌鸦，然后再变回来。然而，在威尔士的神话传统中，变形经常被作为不当行为的惩罚，对于格温内斯国王马斯的侄子们来说正是如此。当格温迪昂和吉尔韦绥合谋夺取马斯"持足者"葛伊温的童贞时（见72—74页），他们的行为危及了马斯王权力量的根本。因此，马斯对两兄弟实施了迅速而可怕的报复也就不足为奇了，他剥夺了他们的人性，甚至剥夺了他们的性别。

6　富有魔力的动物和边缘的存在

在之后的三年里，马斯每年都将他们变成一对不同的野兽。第一年，吉尔韦绥被变成了一只母鹿，他哥哥格温迪昂则变成了一只公鹿；到了年底，他们带着这一年里生下的小鹿回到了马斯的宫廷。第二年，他们被交换了性别：格温迪昂变成了一头母野猪，而吉尔韦绥变成了一头公野猪，到了年底，他们又带着他们的小猪出现在宫廷上。第三年，这对触怒国王的兄弟又被变成了一对狼，并生下了一只狼崽儿。

到了第三年的年底，马斯解除了咒语，虽然两兄弟生下的后代也被变回了人形，但他们每一个都仍然保留了变回动物形态的能力。孩子们在宫廷中受了洗并以他们各自的动物形态而得名：他们分别唤作海得文（雄鹿）、海希文（猪）和布莱德文（狼）。他们具有魔法力量的本性也通过其早熟体现了出来。就像英雄库呼兰和普雷德里一样，他们成长的速度远远超越了他们的年龄，这是他们曾经被魔法师马斯具有神圣力量的手触碰过的标志。

• 智慧的鲑鱼 •

库呼兰三次尝试过桥，但无论他怎么努力都无济于事，旁边的人又讥笑他的笨拙。于是他狂性大发，踏上桥头，并使出了他标志性的鲑鱼跳跃，一跃而至桥心正中。

——《劫掠库林之牛》

论起威尔士和爱尔兰神话传统之间的联系，其中最显著的莫过于两者都包含关于魔法鲑鱼的传说，其中的鲑鱼在知识、智慧和预言能力等方面都是任何凡人所远不能及的。为什么偏偏是鲑鱼得以被编织进这条关于人类、野兽及其与神灵世界关系所构成的丰富织锦，现在还不清楚。然而，很有可能的一种猜测是，考虑到鲑鱼复杂的生活史，它在淡水和咸水中耗费极大体力的长途洄游，它从不出错地返回家园繁衍后代的本能，以及它逆瀑布而上的能力，这些因素加在一起，共同为鲑鱼在人类想象中赋予了那些超自然和高度智能的品质。

关于智慧鲑鱼的神话是芬尼安故事群的一部分，该故事群是以其主人公芬恩命名的。故事中充斥着萨满教的元素：年轻的男孩芬恩是通过住在博因河畔的吟游诗人芬尼加（请注意他们两人的名字系出同源）为媒介获得其天赋的，博因河是一片被施了魔法的水域，是女神博安的化身，也是通往精灵世界的门户。在芬恩见到芬尼加的时候，后者正在池塘里垂钓著名的智慧鲑鱼，在此之前他试图捕捉这条鲑鱼已经七年了，却始终一无所获。鲑鱼之所以具有智慧天赋，是因为它吃下过生长在海底的九棵魔法榛树上的榛子。

芬恩走近他时，芬尼加刚巧抓到了鲑鱼，于是将它递给男孩，指示他如何把鱼放在火上烤熟。在烤鱼的过程中，我们年轻主人公的拇指不小心碰到了滚烫的鱼肉，于是本能地把手指放进嘴里吸吮以缓解疼痛。刹那间，他就被赋予了鲑鱼所拥有的所有智慧和知识，成了一个伟大的先知。事实上，芬恩的行为就是爱尔兰文化中"先知之拇指"的传说，以及拇指可能具有特殊精神力量这一信念的来源。这个故事与威尔士传说中"赛瑞德温的坩埚"故事（见 13 页）相呼应。在这一故事中，年轻的圭昂在看守坩埚时，锅里的汤水溅到了他的手上，使他无意中获得了赛瑞德温原本为自己面目丑陋的儿子阿瓦格迪准备的知识。

威尔士版本的智慧鲑鱼传说则包含在"库尔威奇和奥尔温"这个故事当中。在寻找猎手-神灵莫德隆之子马彭（这两个名字的意思分别是"母亲"和"年轻的儿子"）以获取他的帮助找到奥尔温的过程中，库尔威奇咨询了一系列具有魔力的野兽，它们有与人类交流的能力——特别是与亚瑟手下的一个随从，"语言的解释者"古尔希尔进行交流。这些会说话的动物中就包括舵湖的鲑鱼，它是世界上最古老的

（因此也是最聪明的）生物之一。

古尔希尔是从另一种会说话的野兽，圭纳布伊之鹰那里得知这条鲑鱼的存在的，这只鹰本来想捕捉鲑鱼，但却不慎被其拖到了水底。

先知之拇指

年轻的芬恩在吸吮烫伤的拇指时，不经意间获得了智慧鲑鱼的全部知识。所谓的"先知之拇指"实际上可能属于凯尔特传统中某个早于中世纪早期故事集的时间段。因为在铁器时代晚期的高卢，有些神灵的形象就会被描绘为有着大得出奇的、竖起的拇指。在布列塔尼人的硬币上，某些荒野女神会以驾着战车的形象出现（或许是媚芙女王形象的前身。关于媚芙的信息请参见130—131页），用巨大的直立的拇指持握着缰绳。在同样位于布列塔尼的兰纽诺克镇发现了一尊花岗岩雕像，呈现了一个无头的人类躯干，雕像全身除了一双拇指指向上方的大手之外，几乎没有其他任何细节。人们在柴郡的林多莫斯泥沼中发现的一具铁器时代晚期的沼泽尸体长有额外的拇指。尸体的主人是否被当时的人们视为一位预言家呢？

铁器时代花岗岩塑像，上面有大得不成比例的向上伸出的拇指。发现于布列塔尼地区兰纽诺克镇。

后来鹰和鲑鱼彼此和解了,于是鹰觉得鲑鱼也许能帮助古尔希尔和他的骑士同伴塞伊找到马彭。鹰随即呼唤了鲑鱼,而鲑鱼答应帮两位骑士的忙。它把他们两个负在自己宽阔的背上,带他们去找到了马彭,此时他正在监狱里受尽折磨。他最终被亚瑟手下的战士们释放了,并和他们一起加入了帮助库尔威奇追求奥尔温的队伍之中。

•杂糅身体:变形的考古学•

我会以灰色母狼的形态出现,将兽群驱赶到浅滩上来对付你。

我会变成一头没有角的红色小母牛出现在你面前,率领牛群将你的身体践踏到水中,而你却认不出我。

——《劫掠库林之牛》中库呼兰与摩莉甘的对话

罗马-不列颠战争神灵青铜小雕像,雕像双手各持握着一条长着羊角的蛇。

6 富有魔力的动物和边缘的存在

神话中清晰可见的人与动物两界之间边缘的可渗透性和模糊性，在西欧铁器时代和罗马行省时期的图像记录中也得到了呼应。这些意象中充满了形式上模棱两可的特征：公牛或野猪可能长有三只角，马头上长着人脸，蛇长着公羊的角。在当时的图像库中，半人生物很常见。出现得最为频繁的杂糅生物是人与雄鹿结合的形象，其中最引人注目的一例就是在古德斯特拉普坩锅上，一个长着鹿角的男子周围被动物所环绕，其中就包括一头站在他身边的、鹿角与其完全相同的雄鹿，就好像他们是同一个个体，正在进行形态转换一般。

长着鹿角的人物还经常与性别的扭曲错乱相关，因为有些在高卢发现的青铜小雕像就表现了头上长有分枝众多的鹿角的女性形象。我们并不知道这些鹿角人的名字，但某个雕刻在巴黎石柱上的图像为我们提供了线索，该石柱是公元 26 年为礼赞朱庇特神而树立起来的，上面刻有大量的各种宗教形象，既有古希腊罗马多神教中的人物，又有高卢本地神灵的面容。其中有一个脸上留着胡须，头上长着鹿角的头颅，每根鹿角上都挂着一枚项圈，或颈环。在这个形象的上方刻有一句磨损了的铭文 "Cernunno"（意为"致有角者"）。

来自丹麦冈德斯特鲁普的铁器时代银锅内饰之一，描绘的是一位长着鹿角的神，手里拿着一条有角的蛇。

猫–人

> 四处攫取土地的国王
> "残忍者"卡柏尔长这副模样
> 金黄的发间露出两只猫耳
> 耳朵中各有一簇猫毛
> ——欧凯德·奥·弗罗林所作中世纪诗歌

这首诗载于一部 12 世纪的文本之中。其主人公是一位名叫"残忍者卡柏尔"的军阀,他相貌英俊,外表却具有一些动物的特征,这很可能是为了表明这位残暴无情的征服者兽性的一面;而诗中特别提及他与猫的相近之处,也可能是在暗指其如猫科猛兽一般具有狡猾和隐蔽的特质。不过,除了上面分析过的原因之外,诗人很可能也是在援引某个古代萨满教的传统,其中有着神圣属性的男女会在仪式上穿着动物服装,以求与神灵世界获得感应。罗马不列颠的遗迹中也出现了长有猫耳的人物形象:在威尔士南部卡尔雷昂发现的陶土瓦片上面绘有长着猫耳的人头,而约克郡的唐卡斯特则有关于一枚长着胡须和尖耳朵的人头像的记载。

位于南威尔士卡尔雷昂的罗马军团城堡中发现的陶土制瓦片,上面雕有一个长着猫耳的人头。

6 富有魔力的动物和边缘的存在

长着鹿角的人头浮雕,角上挂着颈环,出自一座位于巴黎的朱庇特纪念碑上,该纪念碑由一个塞纳河船夫行会于公元 26 年树立。

身体的混合在铁器时代的人类遗骸中也有所体现。在一些墓葬遗址中,人和动物的遗骸混杂在一起,似乎是在表达对人与动物之间边界含混性的感知。这些以遗骨或图像形式存在的记录似乎都呈现了同一种认识世界的方式,在其中所有门槛都可以被跨越,任何边界都可以被突破,其目的或许是为了表达人们对身份流动性的感知,以及对人和动物两种形态间转换能力的认可。凯尔特神话中变形现象的存在完全可能是在反映一个更早的,可能属于萨满教的传统,在其中动物发挥着不同世界间交流媒介的重要作用,而人类要想与精灵世界交流,必须要化身为动物的形态。

• 渡鸦之声:爱尔兰的战争巫妪 •

在阿尔斯特故事群中有一个明显的神话传统,就是女神与战斗之间的关联。她们自己并不会参与战斗,但她们的干预会造成敌对双方的紧张局势,并助长流血冲突,更为令人反感的是,人们有时会见到她们啄食战死者的尸体。这些阴暗的神灵最热衷的是死亡，但她们也会滥交、有着难以餍足的性欲并有意引诱年轻的英雄，如库呼兰，就像我们在第 98—100 页已经见到的那样。

有两组主要的战争女神：巴德和摩莉甘，她们的身份在某种意义上是重合的。每组女神都有多重变形能力：可以从少女变成老妪，从一位变成三位一组，从女人变成渡鸦或食腐乌鸦的诸多形态。她们是过早夭亡和暴毙的预言者，视觉呈现上也经常会模糊性别界限：食用阵亡战士的血肉使得她们看起来像一群年迈而长着胡子的女巫。乌鸦或渡鸦与死者之间的联系是显而易见的：这些鸟的羽毛是闪亮的黑色，并且以动物或人类尸体的腐肉为食。这种鸟必然会经常并主要出现在大型屠杀的现场，它们耸着身子，从死去的战士身上啄食肉块，让它们看起来与老朽的巫妪有几分相似。让鸟和女人之间的界限变得更加模糊的，是乌鸦那听上去类似人类粗哑嗓音的叫声，同时它们还有模仿人类语言的能力。

英国南部来自铁器时代晚期的一个奇怪的考古现象，是渡鸦骨殖的反复、仪式性的沉积。考古学家早就意识到了，居住在威塞克斯山丘旁的铁器时代人会挖很深的粮仓来储存玉米种子过冬，但当这些粮仓已经完成了它们的世俗功能之后，它们会被有条不紊地清理干净，然后装满人和动物的遗骸。这些不是垃圾，而是精心安置在里面的，由人和动物的整个或部分身体构成的供品。其中的动物几乎完全是本地常见的物种，唯一的例外是大量存在的渡鸦尸骨，其数量远远多于生活在此处的渡鸦种群可能形成的数量。

传统上存放的骨殖通常是马、狗或羊的，这一差异需要解释。也许，就像后来的神话所叙述的那样，这些鸟是作为死亡和战争的象征而存在的。但有人认为会有乌鸦的尸体是因为它们的羽毛被用于制作祭司或萨满的头饰。穿着动物服装，包括鹿角和羽毛，可能在"变形"的仪式中发挥着重要作用。会不会是这种联系为后来的凯尔特渡鸦女

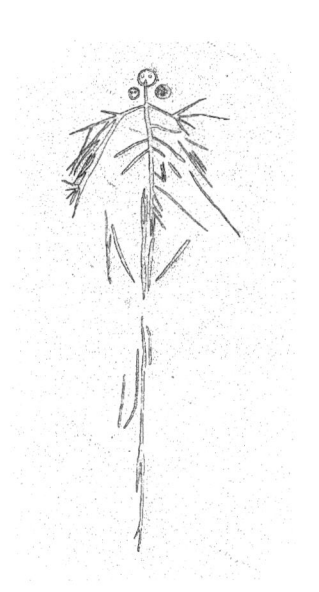

意大利卡莫尼卡山谷铁器时代的鸟–人石刻。萨满教佩戴羽毛翅膀的习俗可以追溯到五千年前。

神（如巴德）的传说奠定了基础？

铁器时代和罗马统治时期欧洲的图像学经常描绘的一个形象是"鸟人"：人类装扮成鸟，或是半人半鸟的精怪化身的形象。这些都是瑞典青铜时代晚期岩石艺术和意大利北部卡莫尼卡谷铁器时代岩刻文字的永恒主题。其中的一个岩洞位于瑞典布胡思的卡尔桑根，里面雕刻着长着喙和翅膀的人形图像；其中一幅尤为怪诞的描绘了一个（雅努斯式）双头的形象，两张脸分别看向两个方向。

尽管斯堪的那维亚的这一材料中描绘的似乎是"真正的"半人半兽，但卡莫尼卡谷的鸟人却并非如此含混的存在。卡莫尼卡的形象清晰地描绘了作鸟类打扮的男人或女人。在罗马时代的高卢，鸟人不是作为人和鸟的结合体出现的，而是被视为鸟的守护者。勃艮第地区穆镇的一座雕塑表现了一位林地保护者的形象，他手持栎树果、板子和长柄钩镰，身边伴有一条猎犬和两只形似渡鸦、长着大喙的鸟，它

爱尔兰的萨满教鸟-人

> 那些鸟儿脱下了长着羽毛的外套,手持长枪和剑将康奈尔团团围住;然而其中有一只鸟却护着他,开口说道"我是尼姆格兰,你父亲的鸟儿军队的王"。
>
> ——《鞑德嘎旅店》

有这样两个神话故事包含了有变形能力的先知的鲜明形象:他们能够穿上鸟的"皮肤",使灵魂在宇宙的各层之间飞行,并作为同时具备两种精神的存在而活动。"德鲁米姆达姆哈尔之围"记录了阿尔斯特的科马克国王和盲人先知莫吉·瑞思之间的比赛,两人都声称自己的魔法力量比对方更强。为了获得精灵世界的力量以帮助自己赢得这场比试,莫吉·瑞思披上了一件公牛皮斗篷,戴上了一顶由长着斑点的鸟羽制成的头饰。斑驳的色彩是很重要的,因为双重色彩能够唤出莫吉·瑞思属于物质世界和精神世界的双重身份。

由于具有鸟的形态,先知莫吉·瑞思能够飞翔,并召唤精灵援军来对抗科马克的魔法。先知的盲人身份也是理解其先知地位的关键,因为古代的许多先知都是目盲的,这增强了他们的

们栖息在他的肩膀上,转身亲密地注视着他的脸,或许正在他的耳边低语。

• 爱之役:库尔威奇与奥尔温 •

于是库尔威奇的父亲对他说:"我的孩子,你为什么脸红呢?有什么事发生?"

"继母诅咒了我,说我将永远无法娶任何姑娘为妻,除非能娶到巨人伊斯巴达登的女儿奥尔温。"

内在视界：希腊神话中的特伊西亚斯和旧约中的以色列先知亚希雅都是盲人。在某些现代萨满社群——比如印度的索拉——萨满先知进入附灵状态时会遮住自己的脸，借以获得心智视界与神灵交流的能力。

一个叫作尼姆格兰的鸟-人与神话中的爱尔兰统治者康奈尔·默有着密切的联系，后者的一生是《鞑德嘎旅店》这个故事的主线。整个故事中贯穿始终的元素是魔法、咒术以及人界与神灵世界之间模糊不清的界限。与阿尔斯特英雄库呼兰一样，康奈尔·默也受到了禁制或禁忌的约束：他被禁止猎取或杀死任何鸟。这项禁忌是他父亲在他母亲怀上他的时候制定的。当康奈尔即将接任王位时，尼姆格兰前来在新国王身上下了一系列禁制，并再次强调了禁止伤害鸟类的规定。有一次，康奈尔违背了他的禁制，于是他试图杀死的那群鸟纷纷脱落羽毛并攻击他。这群鸟的领袖就是具有变形能力的尼姆格兰，他试图保护康奈尔免受其他鸟儿的伤害。与莫吉·瑞思一样，尼姆格兰也是一个萨满，一个具有双重精神的存在，能够跨越人、动物和精灵世界间的界限。

"那很容易的，儿子，"他的父亲说道，"亚瑟是你的表亲。去找他，加入他的宫廷，请求他帮你娶到那个姑娘。"

——《库尔威奇与奥尔温》

猪也是威尔士神话中很常见的一种动物。我们在前面已经介绍过，它是筵席上的一种重要食物，同时人们也将其视为最勇猛、最可敬畏的一种动物（见90—91页）。其中，猪的象征出现得最为密集的一个故事就是《库尔威奇和奥尔温》。库尔威奇这个名字的意思就是"猪圈的门口"。库尔威奇出身高贵，是亚瑟的表亲。在故事的一开始就引入了与猪相关的元素，甚至在主人公出生之前，他就已经和猪产生了联

发现于勃艮第穆镇的神圣守林人石质浮雕,身边伴有猎狗、大棒,一袋袋口张开的果子,双肩上各栖息着一只渡鸦。

系。腹中还怀着他的时候,库尔威奇的母亲格列乌德已然对这种生物发展出了强烈的反感。一天,她意外遇到一群猪,吓得早产了,并且立刻抛弃了这个新生儿。猪倌发现了他,并给他起了"猪圈的门口"这个名字,因为那是他被发现的地方。

库尔威奇与猪的关联一直存于他的身上。他长大后爱上了巨人伊斯巴达登的女儿奥尔温。奥尔温的父亲对这门婚事提出了各种各样的反对意见,并给求婚者设定了一系列几乎不可能完成的艰巨任务,或曰试炼。他最终完成了这些任务,这一事实暗示了他具有非凡的英雄身份。《库尔威奇和奥尔温》神话的核心是所有威尔士神话中最难以完成的任务:伊斯巴达登要求我们的英雄给他带回来位于一头巨大的超自然野猪特罗伊特双耳间的剪刀、剃刀和梳子,这头野猪曾是一位人类国王。

因为他从出生起就与猪有着联系,所以当库尔威奇最大的挑战

6 富有魔力的动物和边缘的存在

是与特罗伊特这样有着野猪形态的敌人对抗时,一切也就顺理成章了——就好像他们是彼此绑定在一起的对立面一般:善对应恶,被祝福者对应被诅咒者。一听到对特罗伊特的描述,听众就能立刻意识到它来自异世界,不仅因为它身量巨大,还因为它的鬃毛闪闪发光,像闪亮的银翼。库尔威奇在完成这个看似不可能的任务的过程中得到了亚瑟王的帮助,因为尽管特罗伊特是一个强大的对手,但正义最终战胜了邪恶;库尔威奇最终拿到了野猪双耳之间的剪刀和梳子,而这只神奇的野猪随后遁入大海。库尔威奇用剃刀、剪刀和梳子为伊斯巴达登剃掉了胡子,由此赢得了奥尔温。他们两个结了婚,后来一直幸福而忠贞地生活在一起,直到死亡夺走他们的生命。

• 公牛的魔法 •

> 这就是库兰的褐色公牛——
> 遍身深褐、年轻体壮、威风凛凛
> 令人生畏,凶猛无双,又兼有谋略和智巧
> 烈火般狂怒,腰腹收得紧紧
> 满是蜷曲毛发的头高昂着
> 口中发出低吼,眼里火光四射
> 鬃毛浓密的脖颈强硬结实……
> ——《劫掠库林之牛》

牲畜在中世纪早期爱尔兰的经济生活中扮演着核心角色:它们是财富的单位,统治者的地位是由他牛群的数量和品质来衡量的。牛在爱尔兰社会中的重要性在《劫掠库林之牛》这个故事中体现得淋漓尽致,故事的中心焦点是两头巨大的魔法公牛。故事一开始,人们就意

识到了这些公牛不是普通的野兽。库兰的褐牛体型极为庞大，可以容下五十个男孩同时在它的背上跳舞。康纳赫特的白角牛则长着红色的身体，白色的头和白色的四蹄；这些颜色都表明它来自异世界。两头公牛一开始都是人类猪倌，而后被变成了动物形态，却仍然保留了人类的思维和语言能力。它们各自代表其家乡阿尔斯特和康纳赫特血战到底，并双双战死，这一情节集中体现了它们作为土地、生育和繁荣的化身这一象征意义。

高卢-不列颠关于前罗马铁器时代晚期和罗马时期的图像学记录，可能让我们略微瞥见了魔法公牛这一形象所源自的传统。古德斯特拉普垳埚的装饰画中随处可见作为祭品的公牛。这些牛显然是超自然的生物，因为它们在垳埚上被描绘成远大于普通公牛的真实尺寸，并与它们身旁矮小的、负责杀死它们的人类形成了鲜明对比。

古代高卢的公牛传说

公元 26 年，一群乘船渡过塞纳河的船夫在巴黎竖起了一根献给朱庇特神的巨大石柱。纪念碑上镌刻着许多不同神祇的名字，每一个名字旁都伴有雕刻出来的形象。其中有些神是罗马人，另一些则属于高卢本地神灵。其中的一块石板上刻有"公牛与三只鹤"的字样，而下

the Tarbhfess（公牛的沉睡）

古德斯特拉普垳埚上的公牛象征图案，会让人们想起一个神秘的爱尔兰仪式 the Tarbhfess，或叫作"公牛的沉睡"。关于这个仪式的传说特指爱尔兰的王廷塔拉，与下一任国王的选定相关。在仪式上，会杀死、肢解并烹煮一头公牛，之后由一位被特别选定的人吃下公牛的肉以及做成的肉汤。吃饱喝足之后，他就躺下睡觉，德鲁伊们会在他周围吟唱，直到下一任国王的合适人选以幻象的形态在他们面前揭示出来。

面的图像是一头巨大的公牛站在柳树前。两只白鹭或鹤栖息在它的背上,另一只则栖息在它的头上。白鹭和柳树都是亲水的,这或许可以解释鸟和树之间的联系。这些鸟也与牛群有共生关系,它们以兽皮上的寄生虫为食。

但这幅石刻的某些特征暗示着还存在一个现已佚失的神话故事,而在距巴黎很远的、东边摩泽尔河畔的特里尔城发现了一个几乎完全相同的形象,也强化了这一点。在两座纪念碑上,公牛和三只白鹭的场景都与樵夫修剪柳树的形象联系在一起。在巴黎的石柱上,樵夫的名字叫埃苏斯。而罗马诗人卢坎在其史诗《法萨里亚》(其主题是庞贝与尤利乌斯·恺撒之间的大内战)中提到了三个可畏的高卢神:塔兰尼斯、图塔蒂斯和埃苏斯。几乎可以肯定,卢坎所提及的埃苏斯与巴黎纪念碑上记载的是同一个形象。

"公牛与三只鹤"石刻,发现于巴黎某个船夫行会于公元 26 年献给朱庇特神的石柱上。

卡佩尔·加蒙的火犬

1世纪末或2世纪初的某个时候，有人曾去威尔士西北部偏远的沼泽地区旅行，这个地方今天被称为卡佩尔·加蒙（意为加蒙教堂）。他们随身带着一件大而重、装饰华丽的铁制炉具，上面饰有公牛头图案，很有可能是用来在烤叉上烤肉的，或者只是用来挡风，保护炉火的。在英国和高卢已经发现了许多这样的"火犬"，但这一枚很特别，因为它既富有装饰性，展现出了精湛的铁器锻造技艺，又看上去像是一副祭品。

这枚"火犬"上由水平横梁连接两个立柱，每个立柱上端雕有一只长着角的野兽的头。但这两个头并不是普普通通的公牛头像，而是"巴洛克风格"的雕塑，因为它们都有梳理得十分精细的鬃毛，就像盛装舞步表演中的马匹一样，鬃毛上饰有相连的铁球。仔细观察卡佩尔·加蒙火犬的细节，你会发现这两个头并不完全相同，这表明他们的本意是制作两个不同面孔的动物形象。《劫掠库林之牛》中对公牛的描述也与卡佩尔·加蒙火犬存在相呼应之处，因为这些魔法公牛也长有鬃毛，并且也是从异世界召唤出来的灵异生物。

我们并不能确定卡佩尔·加蒙火犬是否被使用过。但它的生命有自己的开端和终结，因为它的一生在被人有意放在泥沼中的时候就结束了，每个牛头上都被压上了一块大石头，就像古代人类的泥沼埋葬一样。火犬是一件非常珍贵和特别的物品。一个现代威尔士铁匠曾试图复制这个物件，他估计一个铁匠要花费三年时间才能将其造出来。鉴于这些火犬必然是成对使用的，其中凝聚的人力资源价值肯定颇为惊人；它作为祭品的"牺牲价值"可能和献祭一个活人一样多，如果不是更多的话。公牛怪异的天性，加上它们的鬃毛，会令它们具有更强的召唤灵异生物的能力。

铁器时代晚期的"火犬",上面饰有长着鬃毛的公牛头像。出土于威尔士北部的卡佩尔·加蒙。

• 猫头鹰与鹰:威尔士的昼夜神话 •

《马比诺吉昂》的第四个分支充满了关于变形的情节。本章前面提到过的,马斯用诅咒将格温迪昂和吉尔韦绥变成动物以示惩罚,并不是故事中唯一跨越人和动物间边界的事件。该故事的核心,是一个美丽的年轻女孩布洛代韦德、她的丈夫莱伊·劳·吉费斯和她的情人格罗努之间的三角恋情。

要想把这个故事放到适当的上下文中去理解,我们有必要简单回顾一下莱伊所面临的困境。葛伊温被强暴,失去处子之身后,阿丽安萝德表示可以继任马斯的"持足者"一职,但却因为生下了双胞胎,未能通过马斯的童贞测试。下面的故事主线就是围绕着她的第二个孩子展开的。阿丽安萝德出于羞愤,离弃了这个次子莱伊,并在他身上下了三重诅咒，意在阻止他在社会中占有一席之地。

格温迪昂及其叔叔马斯集二人全部的魔法力量，想方设法绕过阿丽安萝德的禁令，让莱伊有办法娶到一个妻子。最后，他们通过从花朵中幻化出一个女子布洛代韦德，解决了这个问题。但她却另外找上了一个名唤格罗努的情人，并与之合谋杀害她的丈夫。此时，莱伊本人的魔法异能已经显露了出来，因为除了母亲下在他身上的负面禁制之外，他的身上还附带着一组保护性的咒语——他既不能在房子里面，也不能在房子外面被杀死；既不能在水上，也不能在陆地上被杀死；既不能赤身裸体，也不能穿着衣服被杀死。

此外，莱伊只能被在禁止一切锻造活动的时间锻造出的长矛刺伤。所有这些条件都涉及边缘和边界，这标志着莱伊与异世界力量渊源颇深。布洛代韦德用恶魔般狡诈的伎俩哄骗了轻信的莱伊，使他泄露了打破自己身上保护禁令的要诀，并向她坦白：

"如果有人安排我在河岸边洗澡，并在浴盆上设置一个门拱形状的框架，然后上面铺上厚而温暖的茅草屋顶，再找来一头公山羊，"他说，"把它放在浴盆旁边，让我一只脚踩在山羊的背上，另一只脚踏在浴盆的边上。谁要是在这个时候打我，他就会把我打死。"

——《马比诺吉昂》第四分支

与此同时，格罗努秘密锻造致命的长矛，并在它的尖端淬毒，当他这样做的时候，布洛代韦德设法让莱伊处在他之前所描述的场景中；而后格罗努从躲藏的地方跳了出来，用长矛给了莱伊致命一击。

但莱伊没有倒地死亡，而是发出一声巨大的尖叫，变成一只鹰飞走了。格温迪昂发现了事情的真相后，诅咒了布洛代韦德，把她变成了一只注定只能在夜间捕猎的猫头鹰，因为她做过的羞耻的事情而被

青铜鹰形雕像,发现于罗马-不列颠时期牛津郡伍迪顿的一个神庙。

其他所有的鸟类排斥。他还找到了栖息在一棵橡树上的莱伊,并使他恢复了人形。于是被陷害的丈夫杀死了格罗努,并继承了格温内斯的王位。

这个故事最引人注目的地方是它背后隐藏着一个关于善恶的神话。因为布洛代韦德不是凡人,所以她在根本上就是有缺陷的,不可信任

魔鬼:从神话到塔罗牌

凯尔特神话中充斥着外表怪异的邪恶女性形象,但魔鬼又是怎么一回事呢?在现代神秘学中,正如塔罗牌向我们展现的那样,魔鬼被描绘成一个呈坐姿、有角、长着山羊头和偶蹄的半人生物,还有胡须和女性的乳房。在中世纪欧洲,魔鬼被描绘成头上长角并且经常形似于更早期的鹿角神灵"塞尔努诺斯"的画像。凯尔特人对塞尔努诺斯本人的描述并没有暗示他具有黑暗的一面,但他人兽杂糅的属性注入了早期基督教的兽性观念、异教徒的混乱,并帮助构造了魔鬼的兽性与人被塑造成上帝形象这两种观念的对立。

的，而且过于凶险，不能在人类之中生活。莱伊的变形能力——以及他的名字"光明者"和他母亲的名字"银轮"——都显示他是一个天神，他的避难所是一株橡树这个事实也加强了这种联系。在古希腊罗马神话中，鹰和橡树都与罗马的主神朱庇特有关。但威尔士的神话同时还带有基督教道德规训的色彩。魔法的施行，如将花朵幻化成女人等行径，应该受到谴责。而正义终将获胜，光明将普照四方，令黑暗无所遁形。

·7·

危险关系：女性的畸形影响[1]

> 如果高卢人把他的妻子也叫来助阵，那么就算是一整支军队都打不过他们。高卢女人通常格外健壮，长着蓝色眼睛，特别在她脖颈青筋绽出，牙齿咯咯作响，挥舞着灰黄色的巨大手臂，开始拳打脚踢的时候，就会像投石车不断抛出石块一样，给予其敌人以连续不断的猛击。
>
> ——阿米阿努斯·马尔切利努斯，《历史》第十五卷第 12 章

在亲历了斯巴达和他的家乡城邦雅典之间长达二十余年的血腥内战后，剧作家欧里庇得斯在其悲剧《酒神的伴侣》中抒发了他动荡和绝望的感情。该剧写于公元前 407 年，当时剧作家已经从雅典逃到了相对和平安全的马其顿。戏剧的中心主题是人（更具体地说，这里的"人"特指男人）本性中的两个对立的元素——文明和野蛮，以及秩序（nomos）和自然（physis）间的紧张关系。

欧里庇得斯的悲剧与凯尔特神话的关联，在于其中呈现女性的方

---

[1] 本章标题原文 dangerous liaisons: monstrous regiments of women，分别用了两个典故：dangerous liaisons 是 1782 年法国书信体小说名著 *Les Liaisons dangereuses* 的英译名，而 monstrous regiments of women 出自苏格兰宗教改革者约翰·诺克斯（John Knox）发表于 1558 年，即伊丽莎白一世登基同年的一部小册子 *The First Blast of the Trumpet Against the Monstruous Regiment of Women*，在其中他斥责女性的统治是畸形、不自然、违背上帝旨意的。这里的 Regiment 是"统治""掌权"的意思，不是我们今天更常见的义项"军团"。——译者注

丹麦古德斯特拉普坩埚的内片。上面描绘了一个女人的头部和肩部,其左右各有一个轮子。

式。《酒神的伴侣》将妇女、动物和未驯服的自然世界置于文明−野蛮对立中的"野蛮"一面,从根本上就与男人、秩序和人造环境(城市)的有序文明世界相对立。妇女本性软弱,因而会被野蛮放纵的力量所支配,在狄俄尼索斯神令人迷醉的影响之下,她们会陷入滥交的狂欢,以及做出可怕的暴力行为,包括杀害、肢解和吞食人类。

在威尔士神话中,以及特别是在爱尔兰神话文本中许多杰出女性遭到的待遇,似乎也在以同样不光彩(而且与女权主义背道而驰)的方式表现其中的女性角色。这种描绘至少部分是缘于其整理和记录者都是些基督教神职人员,对于他们来说,规矩的良家妇女不应抛头露面,女性的贞操也必须被小心看管。因此阿尔斯特故事群把康纳赫特女王媚芙描绘成一个性欲和军事欲望都不知餍足的女性形象,故事讲述者经常会因此嘲讽她。甚至连她的死也是以一种很不光彩的方式:她被一颗由弹弓射出的硬奶酪球打死了。其他爱尔兰女性"英雄"如"悲伤者迪尔德丽"的故事(见60—61页),则会强调她们的美貌是国家倾覆的根源。威尔士传说中女性受到的对待要比爱尔兰好一些,但

神话与莎士比亚作品中的女巫形象

在莎士比亚的杰出悲剧中，预言并最终导致了麦克白毁灭的那三个面目可憎的女巫，与爱尔兰神话中的巴德和摩莉甘非常相似。与她们一样，《麦克白》中的女巫也具备衰老、不道德、善于预言和性别暧昧不明等属性：班柯曾这样评价她们——

"你们应当是女人，
可是你们的胡须却使我不敢相信
你们是女人。"（见朱生豪译本——译者注）

莎士比亚写作这部"苏格兰戏剧"时，英王詹姆斯一世正陷入"反女巫"的狂热中，这种态度是由1591年苏格兰女巫谋杀他的阴谋导致的。莎士比亚刻意把女巫描绘成完全无视人类道德规范的存在：充满保护欲和破坏欲、经常会举行可怕的仪式。当时的女巫审判记录中提到，有些受害者因为拒绝招待女巫而被她们下咒。在《鞑德嘎旅店》这个故事中，爱尔兰国王康奈尔·默就是这样被巴德摧毁的。与阿尔斯特的英雄库呼兰一样，康奈尔·默的身上也被下了双重禁制：除了前文提到的关于鸟的禁制之外（见117页），他同时也被禁止日落后与一个女人单独相处，但他又受到好客这一普遍法则的约束，这迫使他不得不去招待她。康奈尔身上的双重束缚不可避免地导致了他的覆灭。他的敌人，在巴德的带领下，砍掉了他的头。但康奈尔与异世界的神奇联系在这个故事中也得到了进一步展现，因为他被砍下的脑袋还能与麦克·切赫特交谈，而后者最终为他报了仇。

大多数时候她们都是些苍白无力的形象，其重要性仅体现于她们可以催生和推动男性主角们的行动。里安农和布洛代韦德是两个例外，但即使是她们的命运，最终也掌握在男性手中。

•好战的妇人：媚芙与玛恰•

> 媚芙围攻骚扰了行省十四天之后，转而南下了。她袭击了切赫查·麦克·乌特迪尔的妻子芬恩-默，在达尔瑞达的领土上攻占了索巴奇要塞之后，带走了芬恩-默手下的五十个妇女。
>
> ——《劫掠库林之牛》

媚芙是阿尔斯特故事群中重要的人物。在《劫掠库林之牛》所描绘的，阿尔斯特和康纳赫特两个行省之间的灾难性冲突中，正是她对阿尔斯特褐色公牛的嫉妒导致她挑起了这场大战，最终以阿尔斯特的险胜告终。媚芙是康纳赫特人选定的统治者。她的配偶艾利尔几乎没有任何影响：所有的权力都是她的。她暴力、嗜血、狡猾、滥交；具有这些"品质"意味着她违背了一切被认为适宜于中世纪基督教妇女的品行。现存文本在描述她的行为时，字里行间都透着反对的声音，不停暗示着这样一个预言——"一切都会以眼泪告终"。结局也恰是如此。

媚芙这个名字本身就透露出了她的人物形象，因为这个词意味着"令人迷醉的诱惑者"。根据神话文本，她在塔拉和克鲁亨山的王室中心统治着康纳赫特。她几乎毫无疑问地具有神灵身份，而不是俗世女王，但在文献的叙事中她却被"凡俗化"了（被表现为一个人而非神）。本质上，媚芙是一位主权女神，是几个有权将王位授予凡人统治者的爱尔兰神女之一。她和她的姐妹们一样，主要关心三件事：性（赋予爱尔兰生育力）、战争（用来保卫它）和领土（用来使它的人民得以安居）。

中世纪修道院中的编撰者（redactor，即"故事记录者"）所持有的基督教道德原则，在对媚芙过度放纵行为的描绘中得到了充分的体现。她身上的一切都是极端的、毫无节制的，从一个基督徒的视角来看极不体面。她是一个酒鬼，一个毁灭者，她热爱性交，并且她在战车上绕着战场疾驰的凶猛速度能让最富男子气概的英雄也心惊胆寒。很容易看出，媚芙这个形象和欧里庇得斯在《酒神的伴侣》中塑造的酒神狂女之间有着种种相似之处。她和她的敌人，阿尔斯特国王孔赫沃尔是旗鼓相当的对手，因为他残忍又奸诈，在这方面与她不相上下。透过媚芙表面上具备的凡人特征，我们仍然能看到她的神性：与许多神灵和萨满一样，她也拥有动物作为其"灵助"：一只鸟和一只松鼠。她可以施魔法，同时也是一个变形者，能在女巫和少女形态之间随意变换。

"你叫什么名字？"国王问道。

"我的，以及我后代的名字，"她说，"将用来命名这片土地。我是塞恩里斯·麦儿·因巴斯的女儿，玛恰。"

她随即追逐着战车疾跑起来。战车行驶到空地的尽头之时，她生下了一对双胞胎儿女。艾汶玛哈（玛恰的双生子）这个名字就来源于此。

——《劫掠库林之牛》

玛恰女神与媚芙有一些共同的特点，但玛恰身上最引人注目的一点是她的三重位格，这个特征将她与战场女神摩莉甘和巴德联系在一起。与媚芙一样，玛恰也是一位主权女神，北爱尔兰王族的一个重要核心艾汶玛哈就是以她的名字命名的。在故事中，玛恰以三位一体的形象出现，三个位格的起源是分离的，但最终合并成一个多面的角色。不过，全部三位玛恰显然都与主权、生育力和爱尔兰本身的人格化有关。其中一位像媚芙一样，是个战士-统治者；另一个是奈米得国王的妻子，一位女先知（国王的名字很重要，因为它来自凯尔特语 nemeton，意思是"圣林"）。第三个——也是最复杂、最有趣的一个——是一位与名叫克鲁努楚的凡人结婚的女神。

艾汶玛哈：王城

在阿尔斯特故事群中，艾汶玛哈是其传说中国王孔赫沃尔的宫廷之所在，也是所有阿尔斯特国王举行加冕仪式的圣地。不过考古学证据表明，早在中世纪传说年代的几个世纪之前，这个地方就已经具备了重要的象征意义，因为人们辨认出它就是铁器时

阿马郡的纳文要塞（重建的）。

最后这位玛恰与马有着千丝万缕的联系，她无疑是一位马之女神，就像爱珀娜和威尔士神话里的里安农一样。她是神话中描述得最充分的一位玛恰。她是世界上跑得最快的人，于是克鲁努楚和国王打赌她能跑得过他最快的战车。玛恰当时身上怀着快足月的孩子，但即便如此还是被迫参加了比赛；最终她赢了，但在生下双胞胎后力竭而死。当她断气的时候，她用虚弱的咒语诅咒阿尔斯特的男人，所以每当他们在战斗中遇到危机的时候，就会连续四天四夜像即将生产的女人一样虚弱。玛恰的族群将她认定为一位马之女神。另外很说明问题的一点是，库呼兰的战车上的两匹马之一就叫作"玛恰的灰马"。

7 危险关系：女性的畸形影响

代的著名遗址，阿马郡的纳文要塞。公元前94年（我们能知道其具体时间，全要归功于木材上的年轮），人们曾在这里的一片地势较高的土地上用橡木建起一座巨大的圆形神庙结构，从几英里外都能看见其中心位置高耸入云的柱子。建筑的房顶铺着茅草，整个建筑在建好后当即就被焚毁，作为给天神的祭献。

在附近的深谷中，有一小片名叫劳顿纳斯哈得的湖水，湖中有四只装饰精美的青铜仪礼号角，也是充当宗教祭品之用，或许它们是在神庙被焚毁的同时作为仪式的一部分被置入水中的，与神庙的建筑一起作为一种双重的奉献。很显然，纳文要塞的年代要比传说中的艾汶玛哈早许多，而考古学研究也表明，此处作为主要宗教仪式举行地的历史长达一千余年之久。一个来自铁器时代纳文的考古发现具有特别的重要意味：一只巴巴利猿猴的头骨。当时的人们从遥远的北非购买了这只猿猴，将其作为一件珍贵的异国礼物进献给了他们的领主。

沉在纳文要塞附近湖中的四枚青铜制铁器时代仪礼号角之一。

• 菲迪露玛：精灵、先知与萨满 •

驾车人驱车转了回来。就在他们想折回宿营地的时候，一个年轻女子出现在了他们面前。她长着黄色的头发，身穿斑纹图案、饰有金色别针的长袍，红线刺绣的兜帽，鞋上有金质扣子。她的脸型上宽下窄，眉毛浓密，黑色的睫毛在脸颊上投下长长的影子。她的嘴唇红得像帕提亚人的染料，唇间嵌着珍珠一般的牙齿。她的头发分梳成三条辫子……在她的手中拿着一枚白色的青铜织机

来自罗马巴斯的一片瓦岩,上面刻着三位女神。

轴,上面镶嵌着金线。她每只眼睛里有三枚瞳孔。这个年轻女子身上带着武器,她的战车由两匹黑马拉着。

——《劫掠库林之牛》

在阿尔斯特故事群中,阿尔斯特和康纳赫特之间大战的血腥结局,一开始就被剧中最奇怪的角色之一精确地预言到了。早在开战之初,当媚芙驾驶着她的战车集结部队时,一名年轻女子出现在女王和她的军队面前。正如上面引述的那样,她的外表引人注目。当女王命令她自报家门时,她回答说,她的名字是菲迪露玛,一名来自康纳赫特的诗人。在媚芙向她提出的许多其他问题中,最关键的一个是"你是不是有预言的能力?"菲迪露玛回答道是的,于是媚芙让她预言战争的结果和她的军队的命运。菲迪露玛随后以诗行的形式做出了令人不寒而栗的回应,她看到军队沐浴在一片血红之中,并将阿尔斯特英雄库呼兰描述为康纳赫特的毁灭者。

但菲迪露玛究竟是什么人,具有怎样的属性?关于她身份的线索就在故事讲述者描绘她外表的方式中。在对她的描述中，数字"三"一再出现：她那双长着三枚瞳孔的眼睛表明她不是一个普通人，而是与异世界紧密相关。事实上，她长着三枚瞳孔可能象征着她具有对过去、现在和未来三个领域，或者对宇宙的三个层次：上层天界、凡世和冥界的审视能力。她的斑纹斗篷也表明了她的地位是一种"双重精神"的存在，该头衔经常被授予萨满，因为他们能够在不同世界之间穿梭。双色、闪光或斑纹的服装都反映了这种二重性。

萨满的主要功能是做先知，预测未来，这正是菲迪露玛所做的。然而她外表又像个战士，佩带武器，坐在战车上，这点就不那么容易解释了。也许她之所以做此打扮，是因为她面对的是战争带来的恶，因此这个描述也反映了记录故事的基督教牧师的道德和反战立场。菲迪露玛手中的织机轴则进一步赋予了她另一个维度的意义：她有能力编织媚芙命运的丝线，并在诸神要求时切断康纳赫特的生命力。

• 少女、年长妇人和老妪 •

当时他们围坐在旅店里，一个女人在日落后出现在门口，要求他们开门放她进来。她的两条小腿像织机轴那么长，也像织机轴那样黑。她身上穿着厚重的羊毛条纹斗篷，胡须垂到了膝头，嘴长在头部的一个侧面上。

——《鞑德嘎旅店》

我们已经遇到了三位一组的玛恰、摩莉甘和巴德，她们可以化身为人形或食腐鸟类，也能以女性三个阶段——少女、年长妇人和老妪——中的任何一个姿态出现。以这种方式，这个单独的存在就可以超越具体的年龄，代表"女性"的整体形象。在《鞑德嘎旅店》的故事中，康奈尔·默因被迫招待一个孑然一身的女人而招来了灭顶之灾，因为他身上被下了永远不能在日落后与一个女人单独相处的禁制。他遇到的那个可怕的巫妪身上有着很多指向其超自然源头的"标签"：她跨越了性别的界限，穿着双色斗篷，外表也异于常人。

> 巴德和玛恰，充盈了储备
> 摩莉甘制造混乱
> 被剑刺杀的那些人
> 艾瑞马斯的贵族女儿们。
> ——《侵略之书》

发生在人类统治者和女巫之间的一次非常著名的相遇，或许为现代早期关于变形的童话——如青蛙王子的故事——奠定了基础。它包含在一个非常早的起源神话中——也许早在5世纪就被写了下来——在这个神话中，被叫作"尼尔的人民"的社群建立了。该王朝的创建

白黏土制成的莱茵地区三位一组女神小雕像，发现于德国波恩。

7 危险关系：女性的畸形影响

者是九个人质之中的尼尔，而他的统治，在故事中是以其与装扮成老巫妪的主权女神相遇而被合法化的。

尼尔和他的兄弟们外出打猎时感到口渴，他们发现一口井，由一个形容可怖的老妇人看守，她向他们提出要用一个吻换取井水的要求。其他的兄弟都吓得往后退缩，只有尼尔吻了她，并和她做爱。在他们结合的过程中，女巫把自己变成了一个漂亮的年轻女子（就像在格林童话中，少女的亲吻使青蛙变成一个英俊的年轻王子一样）。当尼尔追问她的名字时，她告诉他，自己就是主权女神。尼尔正式成为国王，他的统治以他同爱尔兰这片土地的婚姻而获得了合法性。

渡鸦女神的造像

在公元前2世纪，在由尤尼尔的阿莫里卡部落（位于布列塔尼）铸造的硬币上，有一匹疾驰的战马，它背上栖息着一只巨大的食腐鸟类，这只鸟巨大而又弯曲的爪子刺入它的背部。马的下方是一只状似蝎子的生物和一条蛇，两者似乎都在攻击它。在这个奇怪的场景中，我们很容易看出爱尔兰渡鸦女神的前身。爱尔兰那些具有变形能力的战场女神的神话是否可能源于一个更早的、已然失落的、因为人们看见战场上食腐的鸟类啄食尸体而产生的战争神话呢？

阿莫里卡铁器时代金币，描绘了一匹背上栖息着巨型乌鸦的马的画面。

•蒙冤的妻子和恶毒的女人•

> 当时爱尔兰民众群情激愤,人民宣称除非马索卢赫为他在威尔士遭受到的待遇雪耻,否则就别想安生。他的手下将布兰温逐出她丈夫的卧房,让她在后厨为整个宫廷做饭,以报复她的兄长;还让屠夫在每天剁碎当天需要的肉类之后,狠狠地打她一个耳光。
>
> ——《马比诺吉昂》第二分支

《马比诺吉昂》的第二个分支经常被以其女性中心人物的名字"布兰温"命名。尽管布兰温被列为威尔士最伟大的三位女性之一,但她本人却被描绘成男性支配和攻击下的一个悲惨而无力的受害者,只有当她在她新婚丈夫的宫廷中受到虐待时(见80页),故事叙述者才赋予了她这个角色一些实质内容。她在厨房里驯养了一只椋鸟,教它说话,并告诉它关于她哥哥的事情。她给哥哥写了一封信,信中诉说了她目前的悲惨境况,把它绑在椋鸟翅膀的底部,并指示它飞到哈莱克去。布兰发起的复仇战争给威尔士和爱尔兰双方都造成了巨大的伤亡。布兰温看到两个美丽国家的毁灭,随即悲伤得肝肠寸断、心碎而死。

与布兰温一样,《马比诺吉昂》第一分支的"女主角"里安农也遭到了虐待和羞辱。从在故事中第一次出现时,穿着闪闪发光的金色衣服起,她就表现出了明显的超自然属性;她的坐骑是一匹光彩耀眼的白马,它的颜色也暴露了它的异世界来历。在里安农的可见人格之下,隐藏着潜在的神性:在她的婚礼上,她将珍贵的珠宝分赠给每一位宾客,从而扮演了慷慨给予的主权女神角色。当里安农被人陷害,遭受杀死和吃掉儿子的错误指控时,不得不扮演一匹负重驮马的角色,背着访客往返于王宫与外面的大门之间。她所受到的怪异惩罚可能指向里安农神话中的另一段,很可能是更早的传说,这种传说将她认定为一位马之女神。

> "姑娘,"他问道,"你是否还是一名处女?""据我所知,是的。"于是他拿出自己的魔杖,将其弯折了一下放在地上。"从上面迈过去,"他说,"如果你还是处子之身,我就会知道的。"于是她跨过了魔杖,在那一瞬间,从她两腿间落下了一个长着茂密金发的男孩。男孩大叫了一声。听到这声叫喊后,她便朝门口走去,在那里又生下了一个小小的东西。不待其他任何人反应过来,格温迪昂就一把抓起这个小东西,把它用一条丝绸包住,藏了起来。
> ——《马比诺吉昂》第四分支

《马比诺吉昂》的第四个分支通常被称为"马斯",里面充满了魔法的元素,这个神话故事中占主导地位的两个女人——阿丽安萝德和布洛代韦德——都是有缺陷的负面形象,她们分别是莱伊·劳·吉费斯的母亲和妻子。阿丽安萝德的不贞和她对儿子的残忍,又被故事中一个附加的隐藏方面复杂化了。因为马斯用来测试童贞的魔杖几乎可以肯定是男性生殖器的象征,暗示着阿丽安萝德与她的叔叔发生过性关系,并怀上了他的孩子。这也许可以解释,她为什么要试图禁止莱伊获得任何结婚生子的机会。但在凯尔特神话中,乱伦生下的孩子并不仅仅反映了羞耻,也标志着英雄的身份。就像在希腊罗马神话中一样,乱伦在众神中相当普遍,而在这种关系中孕育的后代都是特别的,受到众神的祝福。马斯和阿丽安萝德几乎可以肯定是伪装成凡人的神灵:马斯的神奇力量宣告了这一点,阿丽安萝德的名字"银轮"也是如此,"银轮"是一个天体的别称,指的很可能是月亮。

莱伊生活中的另一个有缺陷的女人是布洛代韦德。她是一个"人造"的妻子,从鲜花中变出来的,但用来制造她的具体鲜花品种——金雀花、橡树花和绣线菊——很是意味深长,因为黄色的金雀花是威尔士和爱尔兰神话中常用的喻体，用来形容年轻处女的头发，橡树和绣线菊的花瓣都是白色的，象征着纯洁。这使得布洛代韦德的不忠颇具讽刺意味，但由于她的非人属性，这也几乎是意料之中的：她是一个肆意妄为、非道德的精灵存在，在某种程度上相当于玛丽·雪莱笔下的怪物弗兰肯斯坦，或者库布里克《2001太空漫游》中的机器人电脑。布洛代韦德的创造者格温迪昂后来又亲手摧毁了她，但由于她不是人类，她无法被杀死，因此他的魔法造物注定将永远在世界上游荡，不再以一个女人的形态，而变成了一只猫头鹰——夜晚、悲伤和邪恶的象征。

• 神话文本与考古学中的早期女神 •

许多在考古学记录或古典作家关于凯尔特人的叙述中留下痕迹的女神，都与后来爱尔兰和威尔士神话中发现的超自然女性有明显的相似之处。她们中的一些异常地嗜血，挥舞武器，要求活人祭祀。另外一些则看上去很强大，但本质上是和平的。与她们在神话中的姐妹一样，早期女神通常与动物有着密切的亲缘关系，无论是马、狗还是鸟。这一内涵丰富的，尽管往往是间接的源流，在爱尔兰神话中的女性战士形象中体现得尤其明显，如媚芙和摩莉甘，她们都由早期英国和高卢崇拜的战争女神形象化身而来。

安德拉斯特

3世纪作家凯西乌斯·狄奥写道，布迪卡曾向女神安德拉斯特恳求，让女神帮助她于公元60年在不列颠战胜罗马人。只有活人的血液才能安抚安德拉斯特的怒火，她通过一只野兔向这位爱西尼反抗者的女王告知了她的裁定，野兔奔跑的方向表明安德拉斯特站在了反抗军

7 危险关系：女性的畸形影响

一方。

尽管获知了这样的征兆，布迪卡和她的军队最终还是战败了，但他们在此之前也摧毁了三座罗马城市和半个罗马军团。在英国古代的图像记录中，并没有某个具体的形象对应安德拉斯特，但存在着一个一般性的战争女神形象。高卢北部的雷东尼人（位于今雷恩附近）发行的一些硬币描绘了一个头发蓬乱的裸女，骑在马上，挥舞着武器向敌人尖叫。

一位志留女神

3 世纪的某个时候，一位崇拜者在志留人的首府，威尔士南部的卡尔文特为当地的女神树立了一座小砂岩雕像（见下图）。在不列颠南部的其他地区都已经被收服之后，这个部落仍顽强地反抗了罗马统治许多年，直到公元 75 年左右，罗马军队在附近的卡尔雷昂常设了一个军团驻地之后，志留人才最终被征服。这块石雕可能一度矗立在一座寺庙里，也许就是坐落在卡尔文特城的罗马市集和市政大厅附近的那座。

卡尔文特发现的砂石制女神坐像，手持莓果和紫杉叶。

这位女神的名字不详，但雕塑的制造者提供了一些有关她的信息。她被描绘成坐在一张高背椅子上，这标志着她的高贵地位。她手持一枚水果或一小块面包，还有看上去像是松树枝叶的物品。不过，后者也可能代表紫杉的一片叶子，象征着长寿和重生（因为这种树木能够从树干内部自我再生）。如果真是这样的话，那么这个雕像很可能与爱尔兰的爱神奥恩古斯的精灵恋人凯雅·依波梅斯有所关联。

那瑟斯与尼哈勒尼亚

在塔西佗于1世纪末写作的《编年史》中，他描述过日耳曼人的一种年度仪式，用以崇拜一位名叫那瑟斯的丰饶女神，她的圣所位于圣岛上的一片圣林之中。在筹备她的节庆时，所有的铁器都必须藏起来。女神乘坐在一辆覆盖着一块布的马车之上，马车围绕着她的原野行驶（这种仪式让人想起了英国教区中今天仍在进行的"挑战极限"仪式，以标识他们身体的极限）。除了她的祭司之外，任何人都不得触摸马车或是盖在上面的布。随后，载着女神的马车在返回她的圣殿之前，女神和马车都要在圣湖中被两个奴隶清洗干净。但这些奴隶触摸了太过神圣的东西，无法被允许继续活着，所以他们随即就在仪式中被淹死在那瑟斯的湖里。尽管那瑟斯被呈现为一个本质上善良的神灵，为她的农耕社区带来了繁荣，但她也因此具有了黑暗的一面，并要求她的崇拜者以人的生命作为牺牲。

与那瑟斯一样，尼哈勒尼亚也是一位北方的女神：她属于居住在今荷兰北海海岸附近的凯尔特–日耳曼人。她的职能是保护在英国和荷兰之间往返运送货物的水手。尽管在古代文献中找不到对她的记载，但从大量石雕和铭文的集合中，人们可以推断出她的身份，这些石雕和铭文都是在她的神庙被海水侵蚀淹没后幸存下来的。

尼哈勒尼亚经常与海洋意象联系在一起，如船只或舵桨，以及慷慨的象征——如满篮的水果和面包。但她身边常驻的伴侣是一只大猎

7 危险关系：女性的畸形影响

青铜祭礼车，描绘了鹿、猎人、骑士和一位举着一碗祭品的伟大的中央女神。发现于公元前 7 世纪奥地利的斯特雷特韦格。

犬，在纪念雕塑上始终依偎在她身旁，显然是她角色的一部分。狗表示女神具有监护属性，也可以指向她的另一个角色：治疗之神。古希腊的医神阿斯克勒庇俄斯就与狗有着密切的联系：他位于埃皮达鲁斯的圣所中养着许多动物，因为它们被认为有能力用唾液来医治前来祈求帮助的病人。

布列塔尼的鹅女神

位于雷恩附近迪内奥尔的一座大型铁器时代晚期青铜像，描绘了一位年轻的战斗女神形象。铜像已被毁坏，幸存下来的只有她的头、手臂和脚，但她的右手手指蜷曲着，就像握着长矛一样。她戴着一顶头盔，头盔上装饰着一只鹅，鹅的长颈凶猛地前伸着，似乎要攻击面前的敌人。雕像描绘的可能是当地的一位保护女神，很可能是部落的护佑者。鹅因其对领地的保护欲和警觉性而闻名，它们会示警，赶走觊觎财物的入侵者。在铁器时代的社群中，这些禽类被尊为战争的偶像，它们的尸体有时会和战士一起被埋进坟墓里。古德斯特拉普坩埚上描绘的骑手戴着鸟冠头盔，这些鸟可能是鹅，也可能是乌鸦，它们都与凯尔特神话中的战争形象有着特别的关联。

发现于布列塔尼地区迪内奥尔的一座铁器时代晚期鹅女神青铜雕像。

·8·

土地和水：精灵的骚动

三天后，华塔赫告诉库呼兰说，如果他真的想学习如何创造英雄事迹，他必须去到斯卡塔赫正在教她的两个儿子库哈尔和卡特的地方，用他特有的"鲑鱼跳跃"，跳到她在其中休息的那棵大紫杉上。

——《劫掠库林之牛》

凯尔特神话中讲述的许多故事都试图解释世界和自然现象。自然景观的每一处都潜藏着精灵。每一座山、每一个湖、每一条溪流、每一个沼泽和每一棵树都有一股生命力，其起源是超自然的世界。这一概念类似于罗马人的信念，即每个地方都有一个属地精灵。对于凯尔特人来说，这种土地上遍布着精灵力量的观念深植于他们的意识之中，以至他们的神话——特别是爱尔兰的那些——包含了一个突出的看法：国王的权力存在于主权女神身上，而女神则是这片国土本身的人格化身，只有当她接受了他并与他结婚时，他才能成功地统治这个国家（见 154—155 页）。

·生死之树·

迷信的当地人认为，地面经常震动，地下隐藏的洞穴里会发

17—18世纪绘画,题材是普林尼描述的德鲁伊的"橡树与槲寄生"仪式。

出呻吟,紫杉被连根拔起,然后又奇迹般地重新种回到地面上,有时蛇盘绕在橡树上,橡树上闪着火光却没有燃烧。除了祭司,没有人敢进入这片树林;甚至他在中午,以及黄昏和黎明之间都不会进入——因为他怕神明在这种时候可能不在。

——卢坎《法萨里亚》第三卷,417—422行

在古代爱尔兰,橡树、紫杉、桦树和榛树受到了人们特别的尊崇。其中,橡树似乎是最神圣的,可能是因为它的巨大和长寿(紫杉也是一样)。即使在今天,橡树仍是乡村景观中最具统治力的部分,而且我们很容易看到,在一个没有大型建筑和城镇的世界里,这种树一定会成为爱尔兰和威尔士神圣景观中不可分割的一部分。

最早提到橡树之宗教意义的,是1世纪时老普林尼编纂的《自然

8 土地和水：精灵的骚动

史》，他在书中描述了一种高卢的德鲁伊仪式，这种仪式围绕着所有树木中最神圣者——瓦洛尼亚橡树展开。他描写了德鲁伊如何在月圆后的第六天爬上橡树，砍下长在橡树上的槲寄生，用白布接住它。同时会有两只白公牛被献祭，槲寄生叶和浆果制成的药水，可以奇迹般地治愈所有疾病，使不育的动物变得多产。

对于古代德鲁伊来说，橡树被认为具有特别的地位，是神奇的寄生植物槲寄生的宿主，槲寄生像明亮的绿球一样生长在看上去已经死掉了的冬季树木上，它的黏稠白色浆果象征着月亮，它们黏稠的汁液像是精液一样。橡树的神圣意义贯穿于爱尔兰和威尔士的许多神话之中。在古典世界中，橡树是与天神相关联的，这种联系也存在于威尔士的光明之神莱伊的故事中，他在受到攻击时变成了一只雕，栖息在橡树上。

槲寄生的治疗作用

这位1984年在柴郡林道莫斯的泥炭沼泽中发现的年轻人，是在1世纪时被供奉给众神的一个祭品。他的头部受到了残暴的重击，喉咙被割开了。他的软组织被保存了下来（见183页图片），因为他一直在沼泽中，身处潮湿、无空气的环境下，所以可以检查他的胃内容物。人们发现他吃了一种由各种谷物和种子制成的特殊的烤面包或是烤饼，但其中还包括一种罕见的原料——槲寄生的花粉。这会不会是一种神圣的食物，用来献给精灵世界的祭品，抑或是作为一种象征性的治疗药剂，旨在让他得以顺畅地进入异世界？

虽然槲寄生通常被认定具有毒性，但现存的大量惊人的证据证明它具有治疗功效。据《泰晤士报》2012年的报道，患有白血病的前英格兰板球运动员约翰·埃德里奇，在一名位于阿伯丁的癌症专家每周给他注射两次槲寄生制剂之后，生活质量和预期寿命都得到了大幅提升。显然，这种植物具有增强人体免疫力的特性，目前，医学界正在研究其他癌症患者是否可以从类似治疗中获益。

根据爱尔兰与王权有关的神话传统，橡树位于国王就职典礼举行之处的集会中心，如塔拉（位于米斯郡）和艾汶玛哈（位于阿马郡）。在一部被称为《地方史》的传说故事集中，树木，尤其是橡树，被认为是智慧的源泉（这与"德鲁伊"这个词的词源有关，这个词被认为是"橡树的智慧"一类的意思）。我们已经看到，神秘的艾汶玛哈王室所在地有一个巨大的圆形橡木结构；它的中心是一根巨大、高耸的木头，这根木头如此之高，以至于在好几英里之外都能看见。它一定代表着一棵活着的神圣橡树。

威尔士的魔法橡树

> 两湖之间长着一棵橡树，
> 天空和山谷幽深漆黑。
> 如果我没弄错的话
> 这都是因为莱伊的花儿。
>
> 橡树生长在高高的平地上，
> 雨水不能打湿，酷暑不能融化；
> 它支撑着一个拥有九重属性的人。
> 在它的顶端立着莱伊·劳·吉费斯。
>
> ——《马比诺吉昂》第四分支中格温迪昂唱给莱伊的歌谣

莱伊·劳·吉费斯是《马比诺吉昂》第四个分支的主人公。故事中包含着一个很有意思的插曲，它围绕着一棵神奇的橡树展开。当莱伊遭受了来自妻子布洛代韦德情人的致命伤害时，他发出一声不属于这个世界的尖叫，变成一只雕，飞到空中消失不见了。莱伊的叔叔格温迪昂一直在保护着他的侄子，并且对他的失踪感到困惑，于是格温迪昂在威尔士中部四处游荡，寻找莱伊。一天晚上，他来到一户农家，并在那里

神圣的树林

古典世界的文献和铸币上的铭文都可以证明，古代高卢地区有崇拜树木的习俗，因为某些部落的名字就反映了与树木有关的象征。厄勃隆尼斯人这个称呼的意思是"紫杉部落"，而莱摩维斯人的意思则是"榆树民族"。树林在罗马征服之前的凯尔特高卢和不列颠有着特别的神圣意味。塔西佗、卢坎和其他作家都提到过高卢–不列颠的圣林，有精灵潜藏于其中，部落的族人们会向这些精灵献上人祭。不列颠女王布狄卡用来占卜安德拉斯特女神意志的那只野兔，也是在一片树林中被释放的。

过夜。

这个农家的猪倌遇到了麻烦，每天晚上他照顾的母猪都会消失不见。第二天，格温迪昂出发去找母猪；发现它会跑到一棵橡树下停下来，在那里吞食蛆虫和腐肉。树上有一只雕，每当它摇动羽毛时，树顶就会如下雨般落下一阵蛆虫和腐肉碎片。格温迪昂意识到这只雕就是他的侄子莱伊变的，于是对着他唱了三个不同版本的englyn（一种有魔力的诗歌）来诱使他下来。

歌中提到了有雕栖息的橡树，还提到了"莱伊的花"，显然是指他那由花变成的妻子布洛代韦德。这首诗的第三节结束后，雕就飞下来落在格温迪昂的膝盖上；魔法师用魔杖对它施了一个咒语，莱伊变回了人形。但腐肉和蛆虫把莱伊折磨得不轻，这个不幸的人已经瘦得只剩下皮包骨了。经过一年的治疗和休养，莱伊最终康复了。

橡树在这个威尔士神话中的作用并不那么显而易见，但它似乎起到了守护者的作用，让受伤的莱伊能够驻留在一棵高耸入云的树上，悬停在生死之间，直到他能够获救并恢复人的生活。雕可能代表了死者释放出来的灵魂，他们被囚禁在一种边界状态之中，无法进入死者的世界。

水之神话

> 提尔纳诺,青春之地,像极乐世界一样甜美,像涅槃一样生动,像瓦尔哈拉一样令人向往,像伊甸园一样郁郁葱葱,阳光普照。所有的灵魂都向往获得这个永恒的天堂,每当大西洋的一个浪头,即一匹"白马",击打到青春之地的海岸之上时,就有一个灵魂被允许进入这里。
>
> ——芬尼安故事群

考虑到爱尔兰人以海岛为家,他们崇拜海神也就不足为奇了。海神的名字叫曼纳南·麦克·李尔,意为"海之子"。威尔士也有一个与之对应的神,后者的名字也与他的相似:勒耶尔之子马纳威丹。不过我们还是对爱尔兰的海神了解得更多。因为他的海洋领地包围着爱尔兰,所以曼纳南被尊为爱尔兰的守护者。他与另一个"快乐的异世界"神话尤其相关,这个世界被认为存在于遥远的海岛之上。《布兰的旅程》是7世纪的一部作品,讲述了一个凡人被水上回荡着的甜美音乐引诱到这些岛屿的故事。英雄布兰带着他的3个寄养兄弟和27名战士启程前往该岛。在海上航行时,布兰遇见了乘着汹涌大海之"白马"拉着的海上战车的曼纳南。曼纳南穿着一件魔法斗篷,就像大海一样闪闪发光,呈现出许多波光粼粼的色彩。

曼纳南及其在威尔士的对应神马纳威丹不仅是海神,也是魔法、智慧、诡计和手工艺的大师。爱尔兰海神帮助爱尔兰的光明之神鲁格打败了凶恶的福摩尔人。他用魔法创造了一艘没有桨也没有帆,全由船员意念操控的船;一匹既能游泳又能在地面上奔跑的马;还有佛拉格拉克,一把能够刺穿任何盔甲的利剑。在威尔士神话中,马纳威丹也同样多才多艺,他的主要角色是有魔力的铁匠和农夫。也许,在马纳威丹的这些特殊属性中,我们可以瞥见一个非常早期的创始神话,它试图解释种植和锻造的起源。

博安的河流

鉴于神话的一个关键功能,就是解释自然世界的一些特征,那么在不列颠和爱尔兰的主要河流周围都萦绕着许多传说也就不足为奇了,这些河流中的大多数都被赋予了女性身份。在不列颠,罗马-布立吞人将泰晤士河拟人化为坦米西斯女神,而塞文河则化身为萨布里娜。在北方,韦比亚是华福河的女神。爱尔兰神话中最著名的河流是伟大的博因河,以女神博安的名字命名。

博安的故事在记录了地形信息的《地方史》中有所记载。在某个层面上,这个故事可以在人们熟悉的基督教主题——异教滥交和女性的任性——的背景下得到解读。博安是一位名唤内赫坦的水之精灵的不忠的妻子,他有一口禁止博安靠近的井。与很多类似的禁令一样,这条禁令的存在也是为了被打破的——果然,她违背了他的禁令,内赫坦的愤怒使他井里的水翻滚沸腾,将博安整个吞没了,于是她就成了博因河。在另一个故事中,博安与爱尔兰最伟大的神之一达格达私通,生下了爱神奥恩古斯。

高卢的塞纳河女神赛奎安娜青铜立像。

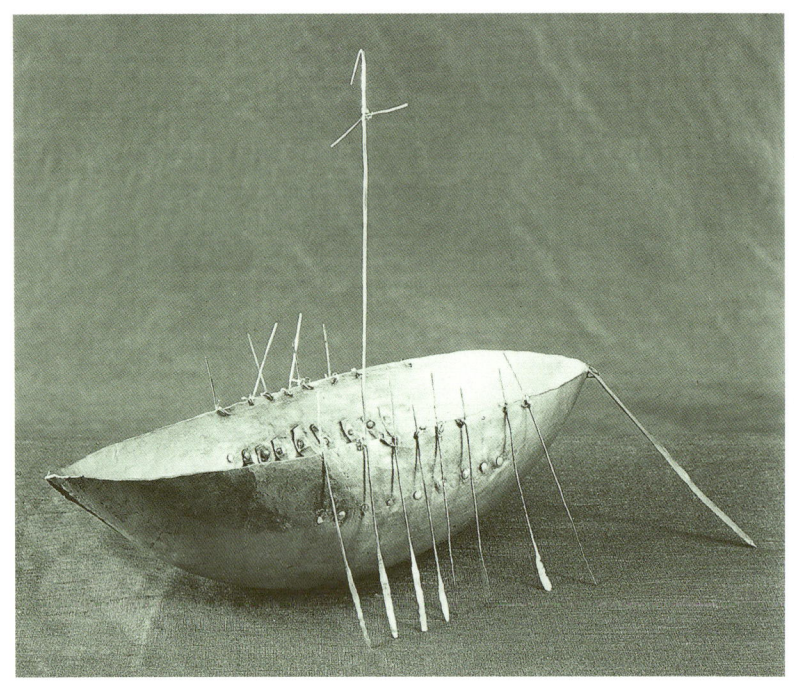

公元前 1 世纪的金质船模型，发现于爱尔兰德里郡布里奥特。

水的力量：天鹅湖

> 德拉瓦拉孤独的碧波之上，
> 这片水域将是你多年的家园，
> 现在即使是李尔，或德鲁伊的力量都无法拯救你，
> 你注定要在无尽的孤独泡沫上游荡。
> ——《侵略之书》

在爱尔兰神话中，年轻的少女在湖中变成天鹅是一个永恒的主题，似乎确保变形活动成功的一个重要元素，就是必须要在一片水域上进行。奥恩古斯和天鹅少女凯雅的故事就是一个最好的例子（见 56—57

8 土地和水：精灵的骚动

"阿努的乳头"，位于凯里郡拉什莫尔，当地人将这两座山峰称为早期爱尔兰创始女神阿努胸前的双峰。

页）。另一个故事涉及海神曼纳南·麦克·李尔。他的孩子们有一个邪恶的继母名叫伊娃。出于嫉妒，伊娃用魔法将孩子们变成了天鹅：她先是将他们诱骗到湖边，然后又在一名德鲁伊的帮助下完成了变形术。

要想最终重获人形，他们首先需要在三个不同的地方各待上三百年。然而仅仅做到这一点还不够，只有当一位北方的王子迎娶一位来自爱尔兰南部王室的女孩，并让李尔那些变成天鹅的孩子们听到他们婚礼的钟声，诅咒才会解除。这两个条件都很意味深长：婚姻象征着爱尔兰北部和南部的联合，更进一步说，或许是象征着结束阿尔斯特和康纳赫特之间的敌对；钟声则是基督教的"声音"，标志着异教的终结和新的基督一神教的来临。可叹的是，这个故事的结局并不圆满。尽管天鹅孩子身上的咒语最终被解除了，但他们变回人形的时候，却变成了极度苍老衰弱的形态，几乎瞬间就死去了。一位名叫科尔默克的牧师为他们举行了基督教葬礼。

•主权、神圣王权和土地•

爱尔兰神话中反复出现的一个强力的意象,就是将爱尔兰整片土地人格化而成的女神形象。成对的山丘被称为"摩莉甘的乳房"或"阿努(以及另一位创始女神达努)的乳头"。要想让这片土地繁荣,女神和爱尔兰国王之间必须举行一场仪式婚姻。如果世俗统治者慷慨大方,土地就会兴旺;如果他吝啬的话,神灵将收回她的善意护佑,土地将失去活力,直到另一位新国王登基。

女神表达自己对新国王的认可的方式,是递给他一杯酒,这就象征她允诺赋予爱尔兰繁盛和富足。爱尔兰的命名女神埃立乌就是这样一位授酒神灵。另一位则是(就如她名字的字面意思"醉人的女人"所暗示的那样)康纳赫特的女王–神灵媚芙,她曾与九个凡人国王成婚,为

高卢–罗马的伴侣神

这是一个在高卢本地崇拜活动的图像学记录中反复出现的浮雕组合,描绘的是并肩站立的一男一女形象。他们被呈现为地位平等的伙伴关系,并且制作的大小相同。如果旁边还留有铭文证据的话,其中的男性通常有着罗马名字,而他的伴侣的名字则是当地语言的,有时还与本地的某些河流和地貌特征相关,仿佛她的形象是与这些本地事物联系在一起的一般。两对广受尊敬的高卢神祇就能很好地体现这一点,他们是墨丘利和罗斯默塔,以及阿波罗和西罗娜。这种命名的规则似乎暗示着,植根于大地的是女神,而男神则具有更加灵活而多变的特性,并被认为是外来的。

罗斯默塔的名字可以翻译成"好供给者",这就确定无疑地表明她的角色与爱尔兰的主权女神相似。她的形象经常与那些象征土地肥沃繁盛的意象一起出现:比如一枚丰饶之角,或一个长杆上的房子模型,可能代表温暖舒适的家宅。西罗娜的名字的意思是"星",但尽管这个名字似乎暗示着她是一名天上

此她遭到了基督教编年史家的谴责。然而，在异教的语境下，她的"滥交"却是土地持续肥沃多产的保证。

这种人与神结合的体系，在爱尔兰传统中被称为神圣王权，它构成了早期爱尔兰神话文本的基石。作为一个概念，它与后来英国的"君权神授"观念并没有太大的差别，在"君权神授"体系中，被教会祝福过的君主被视为获得了神的认可，但如果国王被认为是个不贤明的统治者，这种许可仍然可能被废止。

神圣王权的根源可能存在于宗教象征之中，这可以追溯到西欧的罗马时代：当时就有一些雕塑描绘了神圣的夫妇，其中妇女身上常带有丰产的标志，如丰饶之角，而男子则手持一个杯子或小壶。在法国南部格拉诺姆的一个石雕上，可以很清楚地看到这一点（参见本页插图）。

的神灵，她的形象和背景却表明她首先是一位疗愈女神。描绘阿波罗和西罗娜的石刻和铜雕与高卢人的温泉疗养所有着关联。阿波罗本人既是疗愈者，又是光明之神，因此西罗娜与他配对在一起，是很恰当的。

高卢-罗马的墨丘利与罗斯默塔石刻，来自法国南部格拉诺姆。

与母马结合

1185 年,威尔士的杰拉尔德记录下了中世纪阿尔斯特新任统治者举行的神圣王权就职仪式。奇怪的是,传说中凡人国王和主权女神之间的婚姻被赋予了新的情节,因为在杰拉尔德的记载中,这一象征性的结合是由人类国王和一匹白色母马完成的。在"婚礼"上,国王扮演了种马的角色。不过婚礼结束后母马就会被杀死,她的肉被投入大锅中烹煮。杰拉尔德描绘了一幅有些恐怖的画面:当选的国王在装有母马的肉汤和肉的大锅中沐浴,吃喝他新晋"王后"的残骸。

这个故事很可能是杜撰的,也可能确有其事,然后又被基督教编年史家添油加醋地渲染了一番。但它暗示了在更早的时候,马和主权女神之间存在的联系:玛恰与马有着很强的关联,而在威尔士,我们可能会从《马比诺吉昂》的第一个分支中读出一个隐含的神圣王权叙事,在其中阿尔伯思领主普伊尔第一眼看到他的王后里安农时,她正骑在一匹闪闪发光的白色母马上。

·祖先的风景和冲突的过往·

> 很久以前,在埃立琳这片土地上,当达南神族被米利西恩人击败的时候,不得不隐退到了山中,他们在山丘内部建起了巨大的宫殿。
>
> ——《侵略之书》

关于存在另一个有形精灵世界的观念,贯穿于爱尔兰神话的始终。这个不可见的国度可以通过种种方式进入(如穿过海洋,或是通过河流和洞穴),并且被认为可能位于一系列不同的地方,包括岛屿。这个异世界的中心是一些名唤"仙丘"的大土堆,在神话中被认为是众神的居所。实际上发生的事情可能是这样的:一些爱尔兰新石器时代的古老通

8 土地和水：精灵的骚动

道式坟墓，如纽格莱奇和诺斯等，被后来的人们当成了"仙丘"，尽管它们要比中世纪的神话文献早上几千年。很容易看出人们为什么会建立起这样的联系，因为古代的墓葬，特别是博因河谷的那些，都是一些令人印象深刻的景观。它们不仅大而醒目，而且装饰性很强，仿佛真的是古神的居所一般。

纽格莱奇的最初建造者建起了一座由闪亮的白色石英制成的外墙，

在冬至期间，爱尔兰米斯郡纽格莱奇墓葬入口处的"屋顶盒"。

墙面上点缀着黑色花岗闪长岩，形成了闪烁耀眼、色彩变幻的视觉效果。在这些巨大的石质墓葬内部，是一些镶嵌着奇怪图案的石板。纽格莱奇有一个精心制作的"屋顶盒"，其入口的屋顶下面有一条缝隙，可以使得冬至日黎明时的阳光一路洒进通道，涌向尽头的房间，就好像在用明亮的日光召唤死者回来一般。这些神奇的纪念碑会被认为是神灵所造，而非人类祖先的双手所为，实在也是情理之中的。

塔拉

位于米斯郡塔拉的王室集会地充满了神话色彩。据说传说中的和历史上的国王都曾在这里举行登基典礼。无论是传说还是现实历史中，关于塔拉这一角色的证据都基于中世纪的文献，包括8至12世纪的散文体神话故事，以及早期的历史文献，如法律文书等。

塔拉在考古学上有着重要意义，这里有一系列古老的纪念碑建筑。但其中最引人注目的是它作为爱尔兰国王宣誓登基的仪式中心的声誉，几乎完全建立在距中世纪早期爱尔兰神话世界几千年前的神圣古迹景观之上。这个仪式举行地包含史前墓葬、横木、长长的堤防和立石，所有这些都被编织进传说之中。塔拉的第一个围场可追溯到公元前四千年，之后就是新石器时代晚期的通道式坟墓（类似于纽格莱奇），如"人质之丘"。青铜时代的部族居民在这里修建了圆形的坟冢，也在这里存放黄金和宝藏。

• 命运之石 •

在中世纪早期，人们将史前的地标装点修饰，并纳入同时代的纪念碑中，从而将其仪式景观与遗址的神话 - 历史时代联系在一起。"命运之石"就是这些地标中的一个，这是巨石文化中的一块立石，在国王

8 土地和水：精灵的骚动

塔拉的王室遗产

能将塔拉和一位历史上的早期国王联系在一起的可靠考古证据，是在那里发现的一枚用欧甘文字刻在石碑上的葬礼铭文。欧甘是一种爱尔兰的线性文字，由沿着垂直边缘排列的成组水平笔画组成，每种单独的笔画组合构成一个字母。这块墓碑纪念了早期莱因斯特的一位国王麦克·凯尔辛，他的名字也出现在7世纪的一份法律文书上。

最著名的来自中世纪早期的"塔拉"考古发现之一就是所谓的"塔拉胸针"（实际上，它不是在塔拉本身，而是在附近的贝蒂斯顿被发现的）。这是一枚镀金的银制首饰，包括一枚环形胸针，上面镶嵌着玻璃、珐琅和琥珀，外面还有刻字与金银丝镶嵌的装饰。它的直径有4.6厘米（2英寸）长，很显然是被一个地位极高的人作为披风扣使用的。这个独特的美丽饰品，可曾装饰过塔拉国王的斗篷？

从空中俯拍的米斯郡王室集会地塔拉鸟瞰图。图中的纪念碑建于新石器时代和青铜时代。

就职典礼的神话中，它作为"尖叫的石头"被赋予了突出的地位（如果合法的新国王触摸了它，石头当即就会发出一声大叫）。

康奈尔·默是传说中的一位爱尔兰国王。与其他人一样，他也必须经受一系列的考验才能证明自己是一名合适的统治者：他首先需要登上一辆战车，如果他不是王位的合法继承者的话，战车就会立即倾覆，车上拴着的马匹也会攻击他。王位候选人还必须穿上一件放置在战车内的斗篷；如果他不是合法的国王，斗篷就会太大。接下来，康奈尔不得不驾车穿过两块石头之间；如果他不被接受的话，石头间的距离会变小，让他只能从一旁绕过。最后，在其驾车路线的尽头，"命运之石"正等待着在合法国王的车辕经过之时，发出刺耳的尖叫声。这块石头显然是一个男性生殖器的象征物，象征着合法统治者所具有的与主权女神结合，并使土地繁荣的权利。

位于爱尔兰米斯郡塔拉山上的立石，被称为"命运之石"。

8　土地和水：精灵的骚动

•季节性仪式•

"所有在这个国度旅行的人，"她说道，"都会在夏天走入尽头的萨温节，到春天刚刚到来，小羊开始吃奶的英勃克节之间；在英勃克节到夏天来临时的贝尔蒂节之间；在贝尔蒂节到标志着土地上悲伤的秋天到来的卢格纳萨多节之间无法入眠。"

——《劫掠库林之牛》

在地球上所有的温带地区，人们都会认知并庆祝一年四季的互相转化，还会为其赋予神圣的含义。从基督教的复活节，到设得兰地区1月举行的维京火把节，季节在乡村生活中扮演着重要的角色，在农耕社群中尤为如此。在凯尔特爱尔兰，四个主要的季节性仪式标志着一年中农耕和畜牧活动的不同阶段。人们会在10月底或11月初庆祝萨温节，它是凯尔特历中新年和旧年的分割点。与由它演化而来的万圣节一样，萨温节是一个危险的、"存在之外"的时期，那时整个世界会停滞不动，各种精灵离开他们位于异世界的家园，在活人的世界游荡。

萨温节起源于畜牧历，可能与人们在冬季从露天牧场将牛羊群聚集起来，选择宰杀其中一些，而将另一些集中饲养繁殖以度过冬天的做法有关。萨温节与塔拉有着密切的联系，许多集会和国王登基仪式都选择在这个神圣而危险的时刻举行，这样他们就能够受到游荡的神灵的祝福。

早期的春节是英勃克节：人们在2月初庆祝此节日，这与羊群的产羔和产奶有关。"英勃克"这个词的意思是净化或清洗，这可能与牛奶洁白的颜色有关，但也可能与动物在经历了一个冬季的密集饲养后需要做健康检查有关，因为这是传染病高发的环境和季节。英勃克节特别地与掌管奶与乳制品的爱尔兰异教女神碧姬联系在一起。碧姬在基督教早期被转变成了一个圣人——圣布里吉特，但她仍然保留着生产牛奶、

一部古代高卢历法

1897年，人们在法国中部城市科利尼北边的田地里发现了一大块压制铜板的残片。这些碎片来自用罗马文字写成的一部巨大的五年期仪式农业日历，其年代或许可以追溯到1—3世纪，但使用的语言却是高卢语。日历列出了祭祀日和其他神圣仪式的时间，并根据月亮的圆缺将每个包含28天的月划分为两个14天的周期：前14天是最活跃的，它与后14天之间以一个高卢词"Atenoux"隔开。这个文本中最重要的一个词是"Samonios"，与萨温节是同一个词。这表明凯尔特节日并不局限于欧洲西部凯尔特人居住的边缘地区，最初它们曾在更广泛的地区被庆祝，包括高卢。

科利尼日历是一个既珍贵又非常神圣的物品，人们曾用它来预测自然事件和计划宗教仪式。那么为什么它会被故意打成碎片并掩埋呢？也许它已经被废止不用了，但是由于上面的精神力量太大，制作它的金属无法被熔化和再利用。也有可能，破碎的残片是一场迫害的结果，当地神职人员在巨大的威胁面前，认为需要保守住日历中的秘密，使之变得无法被阅读（就像我们今天剪碎银行卡，为了避免泄露信息一样）。

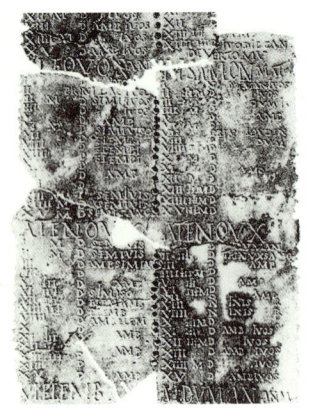

科利尼日历的一部分，来自法国的安省。

黄油和奶油的责任。

另外两个凯尔特节日标志着夏季的开始和结束。贝尔塔纳（或贝尔蒂）是一个火节，和许多崇拜太阳的仪式一样，庆祝这个节日既是为了感谢温暖的天气和阳光的到来，也是为了祈求太阳总能返回来使庄稼成熟。贝尔塔纳节的庆祝仪式于5月1日在爱尔兰和苏格兰举行。在塔拉等圣地，德鲁伊们会点燃火焰，牛群会被驱赶到成对的火堆之间以得到净化。这是一种仪式行为，但它也起到了烧掉死皮和杀死动物寄生虫的实际作用。

根据中世纪爱尔兰的文本，第一个点燃贝尔塔纳节火焰的德鲁伊名叫弥德。他的火焰传遍了爱尔兰全境，因此引起了其他德鲁伊的嫉妒和愤怒。弥德对此的回击是割下他敌人的舌头并烧掉了它们，从而使他们失去了讲话的能力，再也不能对他下诅咒或施咒语了。威尔士神话传统中也暗含着一个关于贝尔塔纳节的情节，因为神奇的事情总是在每年的这个时候发生：比如，里安农和普伊尔的儿子普雷德里就是在五月前夜的晚上从母亲身边消失，并奇迹般地重新出现在遥远的格温特领主泰尔农家中。

最后一个季节性节日是卢格纳萨多，它是在8月份庆祝的，标志着夏季的结束和收获季节。顾名思义，这个夏末的仪式与光和手工艺之神鲁格有关，卢格纳萨多就是他为了纪念他的母亲泰尔图而创立的。和萨温节一样，塔拉和艾汶玛哈等王室宫廷的重要仪式和政治集会也常常会选在这个节庆举行。所有这些季节性的仪式都有一个共同点，那就是它们都在庆祝季节的转换——一个常常被认为是危险的过程，因为变化总是会充满危险，并且受到一群反复无常的精灵的影响，而这些精灵的的力量需要得到尊重和控制。

当代英国和整个西方世界直到今天也仍在庆祝与古老的凯尔特农事节相对应的节庆。人们仍然承认五朔节（在威尔士，人们称之为"卡兰麦")。丰收节是基督教会历法中的重要节庆。万圣节（以及基督教的万灵节）标志着冬季黑暗的到来，正好与萨温节同时。也许只有英勃克节没有保留下来。

·9·

天堂和地狱：乐园与地下世界

人们最美的梦中都不曾有过如此乐土！
比你知道的最美的地方都要美
明媚的四季，时时都有丰盛的果实
和色彩最珍奇绚烂的花朵
——芬尼安故事群中的《奥伊辛与永葆青春的国度》

人类境况的一个关键方面，就是需要接受我们会死亡这个事实，以及探究我们死后会发生什么的问题。死亡就是一切的终结吗，还是我们可以期待有某种形式的来生？如果答案是肯定的，它是否与我们的所作所为有关？如果我们在此世一直做个好人，能指望在天堂得到奖赏吗？邪恶的人会下地狱吗？说到底，天堂和地狱究竟是什么，在哪里可以找到它们？我们的身体本身是否会以任何形式存续下去？我们和下一个世界的亲人团聚了吗？鉴于人们对这些问题的普遍关注，可以预期，全世界各地神话的主要元素必然都包含对各种"异世界"的描述。

在一些文化中，天堂和地狱是与人类生活中最美好和最恶劣的元素密切相关的。《圣经》中的地狱充满火焰，人们在其中要永受烧灼的折磨。但对古代北欧人来说，奥丁的宴会大厅瓦尔哈拉是温暖的，而地狱则是永恒的寒冷，是一个被基奥尔河（类似于古希腊罗马神话中的冥河斯堤克斯）隔绝在人类世界之外的悲惨而阴暗的地方。基督教天堂观念的核心是一个与上帝亲密接触的承诺。而对于许多其他宗教

后世想象中的高卢宴饮。

传统来说,一个好的来世包含了人类经验中所有最好的部分,却全无它的邪恶污秽。

对于凯尔特人来说,异世界的美妙之处(这里不存在两个类似天堂和地狱那样互相分离并对立的领域)在于,它是一场永远不会散场的派对,包括筵席、狩猎和游戏竞赛。而不那么吸引人的一面则是在其中有可能遇到充满敌意的精灵和怪物,噩梦也在这里潜滋暗长。那些在与人类世界仍保有联系,却胆敢穿越到异世界的活人(例如爱尔兰英雄库呼兰和芬恩),遇到可怕事情的风险最大。对于凯尔特人来说,死后的生活需要你保留生前的身体,消化系统特别需要完好无损。不然的话,死者该怎么去享用他们那些大块的烤肉和大罐的酒?

根据生活在斯堪的纳维亚北部和西伯利亚的萨米人的传统,死者被认为居住在一个地下世界,他们在那里上下颠倒着走在活人的脚步上,与地球上的生命形成镜像。它描绘了一幅异常迷人的死后生活图景:人生前的身体在那里得以保留,并与物质世界保持着直接联系;然而,在那个平行的宇宙中,一切都是在字面意义上"上下颠倒"的,

9 天堂和地狱：乐园与地下世界

它的边界几乎只能从一个方向被渗透。这个异世界在人类世界中唯一的存在方式是借助精灵和萨满，并且可以在特定的"断层线"，如岛屿、急流、洞穴、岩石裂缝和成堆的石头处进入，当地的社群经常会来到这些地方举行牺牲仪式等祭礼。

萨米人对来世的看法，以及他们世界观中进入精灵世界的途径，与凯尔特神话中关于死亡的信仰有许多共同之处。考古记录、古代文献以及中世纪早期的爱尔兰和威尔士文本结合在一起，为我们展现出一个由死去的祖先和神灵居住的、生动有形的异世界。甚至那些凡人用以接触精灵世界的"接入点"也十分相似：它们都是景观中很特别的地点，充溢着精灵之力。水在凯尔特人对异世界的认知中扮演着关键角色，很可能是因为水面具有的反射特性，使其表面能够以反转的方式复制世界的完整映像。

正是在萨温节这个秋冬交替之际，人类的世界最容易受到来自异世界居民的入侵：两个世界间的界限被悬置，精灵们可以徘徊于生者之间，为他们带来或有利或不利的影响，这取决于个体精灵的特征。此时可怖的战场女神们会四处游荡，在河流的浅滩处清洗战士的武器，预言谁将在战场上死去。正是在萨温节之际，也就是"不存在"之时，那些还活着的凯尔特英雄，比如芬恩和库呼兰，能够以生者的形态进入亡者的世界。

• 色彩符码 •

在他所见过的所有属于此世的猎犬中，从来没有第二群是这样的颜色——这群狗的皮毛洁白耀眼，耳朵却是红色的。身躯的白色和耳朵的红色都闪烁着光芒。

——《马比诺吉昂》第一分支

位于坎布里亚郡大朗代尔谷的瀑布，湍急的下落水流被当地人视为异世界的入口。

9　天堂和地狱：乐园与地下世界

那些介入生者世界的来自异世界的存在，经常会通过各种固定的信息编码暴露自己的身份，而故事的聆听者对这些编码都非常熟悉。我们在前文已经提到过其中最引人注目的一种编码：色彩意象，特别是白色和红色，有时还有两者的结合。爱尔兰和威尔士都有与属于神灵的白色红耳动物——特别是狗——相关的故事传统。威尔士异世界的国王阿隆有一群红耳朵的白色猎狗，在《马比诺吉昂》的开头阿尔伯思的领主普伊尔就遇到了它们。讲故事的人提及这样的生物时，会立即让其听众全身都被一种愉悦的恐怖快感所充满，他们会坐在那里，等待某种重大的、也许是灾难性的事情发生。

在爱尔兰神话中，白色的野猪会从幽冥之界闯入毫无防备的凡俗世界，引诱人类猎人走向灭亡。在《库尔威奇与奥尔温》中，奥尔温的父亲要求库尔威奇战胜的神奇公猪就有着钢铁般闪亮的银鬃。令人生畏的战场女神摩莉甘，是以一个"红色女人"的形象出现在库呼兰面前的，长着红头发、红眼睛，驾驶着一匹用一条腿的红马拉着的战车（这种"绝无可能"的畸形本身也是异世界起源的标志）。摩莉甘还以她的另一种化身——一头没有角的红色小母牛——的形态在库呼兰面前现过身。色彩让这些书面或口头故事变得丰满易感；它在人们脑海中唤起具体的图像并传递了这样的信息：白色是死后鲜血流尽了的白骨和尸身的颜色；而红色是血与伤口的颜色。

视觉编码的另一个例子是不同颜色的相间和映衬：条纹、散点或斑点。神圣的男女穿着色彩斑驳的衣服，象征着他们的双重归属：既属于活人的世界，也属于亡者的领域。爱尔兰女先知菲迪露玛就是这样一个角色，她在《劫掠库林之牛》中被描述为穿着斑纹斗篷，出现在媚芙女王面前，预言对方将会被库呼兰击败。与阿尔斯特国王科马克比拼魔法力量的盲德鲁伊莫吉·瑞思也穿着一件羽毛斑驳的斗篷，凭借这身斗篷，他可以飞越不同世界的界限。

•死后的生命•

（德鲁伊们）持这样的观点：死者的灵魂并非像我们认为的那样，降到了哈得斯那一片死寂、不见天光的冥府，而是转世到了其他地方。如果他们是对的，那么死亡就只是生命的无尽存在中的一次转折而已。

——卢坎，《法萨里亚》，454—458 行

描述古高卢凯尔特人习俗的古代作家，如恺撒和卢坎，都提到过他们对死后重生一事的观点。对于这些作者的说辞，有两种解读方式。第一种解读认为，人们在死后会获得另外一个身体，并将重新来到物质世界中生活（古希腊哲学家、数学家毕达哥拉斯，以及印度教的教义也都持类似的看法）。另一种解读则是，人们保留了自己原来的肉体，并在一个与地上世界并存的异世界中重新焕发活力（类似于萨米人的传统信念）。考古证据和中世纪早期爱尔兰与威尔士的神话文献共同表明，凯尔特宇宙论中盛行的死后生活观更符合第二种解读。

在普伊尔和安农（威尔士的异世界）的领主阿隆交换领地一年零一天（见 69 页）期间，阿隆向普伊尔下达了两项禁令：第一，他不准和阿隆的妻子发生性关系；第二，他需要杀死阿隆在异世界的仇敌哈夫甘。普伊尔答应了这两个条件，当他来到阿隆的国度时，发现了一个闪耀着光芒的宫廷，里面到处都是黄金、珠宝和丝绸，桌子上摆满了丰盛的食物和美酒。阿隆的美丽妻子对她的"丈夫"拒绝和她同床共枕感到困惑和难过，但普伊尔一直严守着他的约定。

阿隆无法亲自战胜其宿敌，赢得异世界的霸主地位，看上去似乎有些奇怪，但异世界的存在有一个重要的属性：他们的躯体虚弱，缺乏实质，没有活人那么旺盛的精力。在约定的一年零一天过去之后，普伊尔遇见并杀死了哈夫甘，回到了他在人间的王国阿尔伯思，才发

现按照地球时间，他根本就没有离开过。但普伊尔的手下却确实注意到，他在精灵世界中逗留过之后，身上发生了很大的变化：他们惊讶于他们的君主变得比在这场异世界冒险发生之前更加慈爱和慷慨了。

• 重生之坩埚 •

> 我会给你一口坩埚，它具备这样的属性：如果你今天将当天战死的手下的尸体扔进坩埚中，到了明天他就会毫发无伤地复活过来，只除了一件事：他从此不能再讲话了。
> ——《马比诺吉昂》第二分支

达格达（或"好神"）对爱尔兰人的生育能力负责，因此他有一串情人，其中包括博恩河女神博安。达格达还有许多神奇的魔法物品，其中最重要的是一根巨棍和一个巨大的坩埚。巨棍的一端用来带走生命，另一端则能恢复生命。而他的大锅则代表着土地的永恒繁荣，因为它是一口重生之锅，能够提供源源不断的食物，永不减少。

《马比诺吉昂》的第二个分支讲述了一口神奇的重生之坩埚的故事，它是"被祝福者"布兰的财产。它有着让战斗中阵亡的士兵复活的能力，第二天他们就能作为新生力量投入战斗，甚至要比从前更加勇敢。但是这个复活之神器也有其缺点，因为从中重生的战士会永远失去讲话的能力。这实际上就意味着，他们是一群僵尸，一群仅仅为了继续战斗被借到生者之界的亡灵。

凯尔特人高度重视语言，认为语言是人之为人的本质所在。演说和诗歌是他们社群的基石。因为语言的力量甚至比战争的技巧更为重要，所以吟游诗人和先知在他们的社会中享有最高的地位。这个故事的观众会意识到，从布兰的坩埚中重生的人之所以是哑巴，因为他们仍然属于死者的世界，是一枚枚神之意志的棋子，只是短暂地为了战斗才回到地上。

想象魔法坩埚

很少有考古证据能与神话故事形成直接的对照。但是，尽管制成于公元前1世纪，这比神话故事写成文字形式要早得多，但上面充满象征元素的古德斯特拉普坩埚很可能就是这样一个直接印证了神话记载的物件（参见第14、15、111、112页）。其中一幅令人印象极为深刻的画面（下图）就描绘了一个与威尔士故事"布兰的坩埚"非常相似的场景。

坩埚的这个内接片由上下两部分组成。下方的饰带画的是一队面朝左行进的步兵，除了一人外，手中都拿着剑和长方形盾牌；队伍中的最后一人（这部分饰片上唯一一个戴着头盔的战士）有一把长剑，但没有盾牌。他身后是三个号手，每个人都手持一枚卡尼克斯——长颈的战争号角，每枚号角的顶部都被一只咆哮着的野猪头颅形象覆盖住了。在内接片的左侧，领头的步兵面对着一只猎犬和一个足有士兵的两倍多高的巨大的人形，他正把其中一名战士面朝下投入一个大缸

发现于丹麦的古德斯特拉普坩埚的内部饰片。这个饰片描绘了战士们在一个坩埚中重获生命的场景。

亚瑟的坩埚

威尔士散文故事《安农的战利品》是13世纪末或14世纪初以书面形式成文的。它是关于一个神奇的异世界容器的故事,由闪耀夺目的青铜制成,镶嵌着宝石。这枚坩埚有着倔强的脾性:它绝不会为懦夫烧饭,而且还需要9个处女的呼吸来加热肉汤。而且它也具有异世界产物的典型特征:它会用一只"手"给予,而用另一只"手"剥夺。亚瑟通过一次胆大妄为的冒险活动,设法偷走了这只坩埚,但他的大部分力量却在这次尝试中消耗殆尽。这个容器被命名为"佩尔·安农",意为"异世界的大锅"。

公元前8世纪制造的一个古代大锅,连同另一个破碎得更为厉害的器皿和其他珍宝,被扔进了南威尔士的林恩福尔,它令人强烈地联想到佩尔·安农,因为它的四周布满了圆顶铆钉,数量远远超过了将它的金属片连在一起所必要的数目。晚上,当周围唯一的光源就是壁炉中的炉火的时候,这个曾经闪亮的红金大锅会反射火焰的颜色,变得明亮耀眼,铆钉会像钻石一样闪闪发光。也许在中世纪早期,对林恩福尔坩埚等古代物品的偶然发现,会促使故事讲述者将旧的意象编织成新的神话。如果它们来自湖泊或池塘,它们看上去还很可能属于异世界。

大约公元前700年,在林恩福尔的大锅(一对中的一个)向湖中的灵魂献祭。

或大锅里。上边的图片则描绘了四名骑兵,他们的马蹄举得很高,像是在进行盛装舞步表演的姿势,向着坩埚右侧边缘的方向行进。每个全副武装的骑兵都戴着一顶饰有动物图像的头盔。率领这队骑兵的是一条长着公羊角的大蛇。

人们很容易把古德斯塔拉普坩埚上的这一幕解读为类似于《马比诺吉昂》中描述的重生场景。如果这种解读正确的话,那么步兵可能代表的就是在神奇的重生坩埚中排队等待复活的死去的战士,他们的复活表现为他们地位的提升——从步兵变成了骑兵。长着牛角的蛇可能是一种"双灵"的,有着萨满力量的生物,其杂糅的外形指向它具有引领灵魂穿越不同世界的能力。看上去,下面一部分图像中的步兵的眼睛也像死人一样是闭上的,而骑手的眼睛则是睁着的。

• 与死者同席 •

麦克达索的旅店有七扇门、七个入口、七口大锅。每口锅里都装满牛肉和腌猪肉,每个人轮流从锅前走过,将肉叉插进锅里。
——阿尔斯特故事群中的故事《麦克达索的猪》

爱尔兰的《侵略之书》中描述了之前统治着这片土地的达南神族是如何被下一波入侵者盖尔人(或凯尔特人)击败并驱逐的。不过达南神族并没有彻底离开爱尔兰,只是离开了人类世界,退到了位于地下的一系列土丘,或"仙丘"中安家。因此,异世界并非只有一个独一无二的主神,而是有着许多神,其中每个神都有一个宴会大厅。这些"旅店"经常用奢华的食物宴请宾客,来到这里的死者可以整天整夜地大吃大喝,酒不断流淌,猪肉可以源源不断地供应,因为在那里被屠宰的猪每天都会重新活过来,并再次被宰杀以及烘烤。

9 天堂和地狱：乐园与地下世界

丁金伍德的新石器时代墓室，早期的威尔士凯尔特人很可能将其当成了神灵的居所。位于南威尔士格拉摩根。

• 大张旗鼓地送别：葬礼筵席 •

他们的葬仪，按高卢人的生活方式来说，可以算作铺张奢靡的了。他们把他们认为死者生前喜爱的一切东西都投进火里，包括活的牲畜在内。距今不久以前，甚至连奴隶和仆从，只要认为是它的主人心爱的，在正式的葬仪完毕时，也跟它们一起烧掉。

——恺撒，《高卢战记》第六卷第19章

神话中有一条很强的信息，就是相信死后存在另外一段真实的生命，并且这段来世生命反映了地球上美好生活的所有要素。铁器时代的英国，以及附近的欧洲大陆的一些葬礼实践清楚地显示出，在当时人们对死者的处理方式中，盛宴占据着中心地位。尽管没有跨时区或跨地理区域的普遍性，但仍然存在着一种持续的仪式脉络，包括排场、仪礼和公共宴饮，尽管这些都只是为社区中的富人和权势者保留的。

那么这种炫耀性消费实际上意味着什么呢？餐具和酒具的存在，以及屠宰肉类的痕迹是否仅仅指向一个愉快的欢送场合，在其中一群欢声笑语的哀悼者吃掉他们的"烤肉"？或者，在对来世的认识方面，这个死亡盛宴的物质证据可能会蕴含更深的意义吗？葬礼的作用仅仅是在哀悼者之间分享一餐饭，还是也包括了与神灵分享他们的筵席？在葬礼上提供食物和酒水被认为是帮助死者进入"快乐的异世界"的必要条件吗？将食物放在坟墓中可能有多方面的作用，但最重要的是，它一方面代表了对死后存在一个来世的强烈信念，另一方面也代表了对安抚异世界的精灵–守护者这一需要的认可。

• 英勇的死亡 •

对于凯尔特伊比利亚人来说，战死沙场是光荣的；而且他们认为将这样一位战士的遗体烧掉是一项罪行，因为他们相信，如果他的身体被战场上的食腐鸟类吃掉的话，他的灵魂就会升上天堂与神灵相会。

——西利乌斯·伊塔利库斯，《迦太基之战》第三卷，342—348行

两位罗马作家——埃里亚努斯和西利乌斯·伊塔利库斯——对西班牙东北部的凯尔特人举行的一次奇怪的仪式发表过见解。在战斗中殒命的贵族战士的尸体被进行了天葬（将尸体暴露在野外），以便他们的肉被秃鹫吃掉。人们相信，这些鸟对天空之神是神圣的，通过这种方式，勇士的灵魂就会被送到天上的神明那里。

在他们的史诗《伊利亚特》和《埃涅阿斯纪》中，荷马和维吉尔分别描述了古希腊人和特洛伊人的葬礼习俗，以及为那些在战斗中英

9　天堂和地狱：乐园与地下世界

一位不列颠贵族的葬仪

　　1965年，英格兰东南部韦尔温花园城的一个新住宅开发项目中，挖掘天然气管道的工人偶然发现了一座有两千年历史，内容丰富的墓葬。该墓葬属于铁器时代晚期不列颠社会地位最高的人之一，他于公元前1世纪末去世。尽管坟墓里的一些物品被现代挖掘者破坏掉了，但仍有足够的数量保留下来，让考古学家们得以拼凑出坟墓的原貌。一面墙边放着6个大的地中海葡萄酒瓶，据推测，它们曾经一度是装满酒的。地板上放着36个精致的陶器，大多数是本地制造的，但有两个盘子和一个酒壶来自高卢。葡萄酒具还包括一个银质酒杯和一个滤网，用来过滤意大利红葡萄酒中的沉淀物。

　　尸体在火化前被裹在熊皮里，因为烧焦的熊爪在坟墓里幸存了下来。人类遗骸旁边放置着一套24个精美的玻璃筹码，用于桌上棋类游戏。该游戏可能与古埃及的葬礼游戏senet相似：将筹码放置在坟墓中，可能是为了让死者和异世界精灵之间做游戏之用。也许死者必须在游戏中获胜才能进入来世。

铁器时代晚期不列颠贵族墓葬中的陪葬品，包括一整套宴饮用具。出土于赫特福德郡韦尔温。

勇牺牲的人举行的仪式。人们对英雄遗体的处置方式，是在巨大的火葬柴堆上火化，这样遗骸就能升上天界与众神为伍。在罗马征服时期的不列颠人中，也可以找到与此相似的葬礼仪式。大约在公元 50 年，有一名酋长死于维鲁拉米恩 (今圣奥尔本斯)。他先是被静置了一段时间；然后与他生前的几件物品被一起放在一个火葬柴堆上焚烧。随后，他的遗体被安放在一个四周高墙环绕的坟墓里，在坟墓的入口处埋葬了两个女人的尸体，也许是用来充当死者的精神守护者。这个埋葬地位于铁器时代和罗马时期城市北边的愚人巷，在整个罗马时期一直是一个重要的地点，仿佛这位不列颠贵族在人们的记忆里成了一位仁慈的祖先-神灵，以某种方式包含了这个地方的本质。

英国铁器时代晚期的其他独特墓葬，可能为我们了解早期凯尔特人与死亡相关的信仰体系提供一些线索。其中有一个尤其引起了我们的兴趣，首先是因为墓中埋葬的"英雄"是女性，其次是因为坟墓里的物品，以及遗体本身传达了一个与红色相关的有力信息，而红色对于凯尔特神话中的异世界观念非常重要。这个女人的葬礼是在东约克郡的威特旺举行的。她去世时大约 35 岁，与一辆双轮的仪典战车一起下葬，这辆战车可能是她在战斗中使用过的，战车被倒置在她的身上。哀悼者在她的躯干上放置了几条猪腿肉，还在她的胫骨上放了一面镜子。

到现在为止，以上各种做法都与英国东北部这一地区的一系列众所周知的"战车墓葬"相符合。然而，她的陪葬物——包括马具和她的头饰在内——中多处使用了从地中海进口的红珊瑚。此外，她扭曲的面部骨骼显示，这个女人生前鼻子附近长着一个鲜红的瘤子，让她的容貌显得颇为诡异。这个女人的畸形非但没有让她遭到排斥或驱逐，反而可能使她显得特别，她的葬礼规格豪华，很可能表明她地位很高。也许这位"红色女人"在社群中享有特殊地位，是因为人们认为她来自异世界。

9 天堂和地狱：乐园与地下世界

•异世界中的生活•

当阿隆将普伊尔带入他在异世界的王国安农时，进入似乎很容易，没有任何特别的障碍或是需要设法冲破的门禁。事实上，亚隆向普伊尔做出了保证，说他不会遇到任何阻碍。而爱尔兰神话对凡人怎么才能进入异世界有着不同的看法。水——湖泊或海洋——通常可以充当其入口；通往地下的洞穴和古老的土丘墓葬如纽格莱奇也是如此。某些岛屿被认为位于异世界，例如海神曼纳南的故乡马恩岛。

7世纪的故事《布兰的旅行》讲述了布兰和他的追随者在被一位美丽的女神吸引后，前往"女儿国"——苹果树岛的故事，苹果树岛就是一个"快乐的异世界"的例子，而这个故事充分体现了死后世界的两面性。这是一个时间停滞、永恒不变的地方，布兰和他的手下在这里住了一段时间，但是后来他的一些追随者开始想家，想坐船回到爱尔兰。岛上的妇女警告他们不要触碰陆地，但是当他们的船靠岸时，其中思乡

位于斯凯利格·迈克尔岛上的科洛禅（一种由干石块砌成的蜂窝状石屋）。这是一个距海岸比较遥远的岛，距离爱尔兰西南海岸8英里（约13千米）。

之情最为炽烈的人忍不住跳下了船,想涉水穿过浅滩。他的脚一碰到海岸,就瞬间碎成了尘土,因为他的身体迅速衰老了三百岁之多。

故事中的异世界就是提尔纳诺——永葆青春之地,但是如果人类回到他们自己世界的时间之中,提尔纳诺的魔法就失效了。阿瓦隆,传说中亚瑟王葬身的海岛,字面意思就是"苹果树岛"。根据中世纪法国的亚瑟王骑士传奇,如圣杯故事中的说法,阿瓦隆位于格拉斯顿伯里,一个在沼泽、低洼和盛产苹果的萨默塞特山脉之间的"岛"。

其他的一些传说也讲述了凡人与异世界的相遇。其中的一个故事是关于一个叫奈拉的男人,住在媚芙女王和她的丈夫艾利尔掌权期间的康纳赫特。奈拉通过克鲁卡洞穴的一个入口进入了异世界,克鲁卡洞穴位于罗斯康芒郡,是石灰石中天然形成的一个罅隙,但在传说中被当作一个仙丘。奈拉的这次冒险也发生在萨温节——旧年和新年交替之际的秋季节日,那时人类世界和精灵世界间的界限变得异常模糊。

虽然奈拉是一个活着的凡人,也是众神之地的入侵者,但他被允许留下来,甚至与仙丘的一位女神结合了。她预言,除非仙丘本身首先被摧毁,否则媚芙的克鲁卡宫廷将会被一场火灾彻底毁掉。奈拉在冬天回到地上世界警告媚芙,身上带着这个季节不可能存在的夏季植物——樱草、大蒜和金蕨——以向人们证明他来自时节与地上世界完全不同的异世界。于是康纳赫特的部队入侵并洗劫了仙丘,带走了大量的财宝,但是奈拉仍然留在了他的妻子和家人那里,再也没有回到人类的世界。

• 在死者中间 •

J. R. R. 托尔金在《指环王》中描绘了几幅精彩的死者画像。也许其中最令人印象深刻的是山姆和佛罗多在堕落的前霍比特人咕噜姆

奥伊辛与永葆青春之乡

异世界的难以捉摸,在芬尼安故事群中的一个故事里也有体现,这个故事与《布兰的旅行》非常相似。芬尼安的首领芬恩有一个儿子名叫奥伊辛(意为"幼鹿")。一天在外出打猎的时候,芬恩的队伍遇到了一个叫尼亚芙的年轻漂亮的女人。奥伊辛爱上了她,她将他引至自己的国度——快乐的异世界,永葆青春之乡。他驻留在那里的期间,时间始终静止不动,但最后他开始想家了。

尼亚芙不情愿地允许他最后一次回到故乡爱尔兰,并警告他无论如何都绝不要让身体的任何部分接触到祖国的土地。她将自己的白马借给了他,但是,当奥伊辛到达爱尔兰时,他看到已经几百年过去了,故国和其中的人们都消失得无影无踪。他无比震惊,不由得紧紧勒住了马,扯断了马鞍的系带,让他整个身体落到了沙滩上。一瞬间,极度的衰老降临到他身上,他化作了尘土。

铁器时代晚期青铜制雄鹿,发现于法国卢瓦雷省叙利阿地区的讷维。

的指引下，穿越死亡沼泽前往魔多的旅程。这片荒凉的沼泽地遍布着星星点点的鬼火，在湿地凝滞的表面之下，他们看到了那些在与邪恶势力的战斗中死去者的尸体，这些尸体保存完好，苍白的面孔毫发无损，看起来仿佛只是睡着了一般。在电影中，弗罗多偏离了道路，跌入水中，似乎进入了死者的世界，而死者很渴望将他留在那里，与自己做伴。

这里托尔金所使用的意象，与沼泽尸体的考古发现间存在着呼应关系，这些"沼泽尸体"指的是在铁器时代和罗马占领时期，英国、爱尔兰和北欧其他地方由于某种原因被放置在沼泽中的人类遗骸，在那里形成了凸起的沼泽。这些古老的沼泽尸体中，有很多都显示出暴力痕迹，或是非正常死亡的迹象，通常是被勒死或绞死的。为什么某些人的尸体会被以这种方式置于沼泽中仍然是一个谜，但这样做的部分原因一定与想中断尸体正常的腐烂过程有关，因此，很可能是为了将他们"冻结"在物质世界和其他死后的世界之间。

或许，人们会认为他们有必要阻止一些生前具备某种地位，或做过某些行为的人死后成为先祖之灵。这可能是出于一个消极的原因，因为死者的灵魂太危险了，不能让他自由自在地在来世活动；也可能是出于一个积极的原因，认为有必要让个人可以"随时随地"继续帮助活着的社群；抑或是因为他或她是一个强大而有用的媒介，能够将人类世界与神灵世界连接起来。

2003年奥法利郡和米斯郡的泥煤工人发现了两具死于公元前300年左右的爱尔兰沼泽尸体。据推断，他们的身份比较特殊，因为他们具有异常的身体特征，以及他们尸体的发现地点位于中世纪的国界线上（这些界线可能源自更早的时候）。其中之一的奥尔德克罗根男子身材颇为庞大，足有1.91米高（6英尺4英寸），而且体格也很魁梧；人们推断他的身份特殊，因为他戴着一枚独特的皮编臂章，内部饰有金属。第二具尸体，即克隆尼卡文男子的身材则较为矮小。令他与众不

林道人（Lindow Man）

1984年8月，一些泥煤工人在柴郡的林道沼泽施工时，挖掘机的探头碰到了一条手臂，于是发现了一具2000年前的沼泽尸体。这些遗骸属于一个25岁左右的年轻男子。他光着身子，除了一枚狐皮制成的臂章没有任何其他陪葬品。他胃中有尚未消化完全的槲寄生，这表明他吃了一顿特别的"最后晚餐"。像爱尔兰的那两具尸体一样，这个人死前受到了残暴的伤害：头部受到的至少两次重击击碎了他的头骨，使他陷入昏迷状态；随后又被绞索勒住了脖子，同时他的喉咙也被割断了。

他受到的三重致命伤害，让一些人将他与中世纪早期神话中一些爱尔兰国王遭受的仪式性"三重死亡"联系起来。这些国王中包括6世纪的迪尔梅德·麦克·瑟海尔，他向他宫中的智者询问自己会如何死去，得到的答案是他会被刺伤、淹死在一桶啤酒里、然后被烧死。迪尔梅德蔑视这个预言，但它最终成为了现实。林道人被选中以这种特殊的方式处死并埋葬。他的身体会冻结在时间之中，永不腐烂这一点很重要，这剥夺了他获得正常的葬仪，以及顺利进入异世界的能力。他通往异世界的旅程被锁定在了人类世界的门口。

林道人，在柴郡的林道沼泽中发现的铁器时代晚期尸体。

同的是，他的长发在头顶上编成了复杂的样式，并由一种从法国南部或西班牙进口的，由动物脂肪和松脂制成的发胶固定。这一定是一种昂贵的保养品，由此我们可以辨认出，或承认克隆尼卡文男子的高贵身份。他的头发中存在着一些寄生虫，这表明他在死亡前的一段时间里一直梳着这个由发胶定型的发式，因此并不是在其死后，其他人给尸体化妆的时候才编起来的。

这两个人在死前都遭受了持续和残暴的伤害，并且都是因此而死的。奥尔德克罗根男子的双臂曾被橡树枝制成的武器刺穿，临死前乳头还被削掉；最后被斩首并砍成两半。克隆尼卡文男子则被开膛破肚，头上也遭受了一阵疯狂的斧头袭击。这些人生前一定曾具有特殊的地位，并且经历了特殊的死亡。他们被埋葬在两国边界上的泥炭沼泽中，这可能表明人们有意小心地将其放置在通往异世界的道路之上。他们之所以被牺牲，可能是因为犯了罪或打破了禁忌，也可能仅仅是因为他们是特殊的人物，甚至是萨满，因为太危险（或是太有价值）而不能得到正常的死亡和埋葬。

•凯尔特异世界的暧昧性•

要理解凯尔特世界观中死者世界的概念，并不是一件容易的事。随着我们纳入考虑的证据不同，凯尔特来世的形象似乎也在如喀迈拉般不断地变化。异世界可能位于天空、地下、洞穴或岛屿中。神话文献呈现了一个反复无常、变幻莫测的异世界形象，既美妙又可怖。在爱尔兰的传统中，精灵鬼怪会不断地随意干预活人的生活，影响或好或坏，全凭他们的心思而定。通往异世界的入口是充满危险和敌意的边界之地。但是与此同时，来世被呈现为一片神奇的国度，处处充溢着财富和奢华的盛宴，在那里没有人会变老。威尔士神话也讲述了一个类似的故事，尽管没有这么色彩斑斓。

  无论是在爱尔兰还是威尔士，异世界与凡人的生活距离都非常近，近得让人有些不适。身边随处可见预兆和魔法的象征。然而最重要的是，这两种中世纪的传统都只讲述了贵族家庭和他们与精灵世界的来往。要想得到考古证据的支持，我们有必要考察前罗马铁器时代的物质文化，这当然会带来断代方面的问题。我们可以假定，沉在水中的古代大型坩埚，与爱尔兰和威尔士神话中的重生大锅有任何关系吗？铁器时代墓葬中有关葬礼宴饮的大量证据，与爱尔兰传说中"仙丘"里的宴会又有什么联系吗？如果这些联系的确具有效力，那么公元前1世纪晚期的传统，是如何渗透到中世纪的故事讲述者和记录下这些故事的修道士那里的呢？像关于异世界的传说一样，这些都是令人困惑的问题，而最终的答案，我们可能永远无从得知。

· 终 章 ·

异教与基督教：神话的变形

> 这是德鲁伊或发誓作恶的残忍者的悔罪，或是讽刺作家、同居者、异教徒或通奸者的悔罪——也就是7年的时间里只吃面包和水。
>
> ——来自一名7世纪爱尔兰悔罪者

《寄养在有两个奶罐的家里》是一部爱尔兰中世纪晚期的文本，它记录了基督教信仰对异教的直接挑战。恋人之神奥恩古斯和海洋之神曼纳南都是达南神族的成员，但在这份文本中，两个神都承认基督教的神比任何一个爱尔兰异教神都有着更为强大的力量。

早在7世纪，爱尔兰的故事就开始被写成异教和基督教并置于其中的作品，其中基督教不可避免地获胜。布里吉特既是异教女神碧姬，也是基督教徒。在她异教的形象中，她是达南神族的一员，既是一位神，也是三重神。她神通广大，涉及的技艺包括手工艺、（特别是与分娩中的妇女有关的）治疗和诗歌；她也是牛奶场和啤酒酿造厂的保护人。她的节日是英勃克节，那时人们要庆祝新羔羊的出生。

> 我不洁净，但那女孩充满了圣灵。
> 但是，她不吃我的食物。
>
> ——《圣布里吉特传》

布里吉特是凯尔特女神中为数不多的同时也是基督教圣徒的女神。7世纪,一位名叫科癸托苏斯的修士用拉丁文写了一本《圣布里吉特传》。这位神圣的女性据说是5至6世纪基尔代尔郡一座基督教修道院的创始人兼院长,但她可能属于传说而并非确有其人。早期文本对布里吉特的处理展示了异教和基督教元素的奇妙融合,利用了两种体系相互对抗时的张力。布里吉特是在一个德鲁伊家庭里长大的,她无法忍受德鲁伊给她的食物,因为食物被异教徒的手污染了,所以德鲁伊给她喂食一只特殊的白色红耳牛的奶——牛的颜色表明它来自异教神话体系中的异世界。布里吉特的德鲁伊教养父意识到她的纯洁以及对基督教产生了热情。他甚至根据一个梦选择了她的名字(恰好也是一个爱尔兰女神的名字),梦中三个基督教修士出现在他面前,指示他将她命名为布里吉特。但即使作为一个基督教圣人,她也保留了一些原本异教神灵的职责,特别是黄油的制作和酿酒。

布里吉特的故事将从异教转换为基督教的过程描绘成了一种非常和平、几乎天衣无缝的过渡,但在同样撰写于7世纪的圣帕特里克生平叙述中则完全不是这样,据说他在432年使得爱尔兰改信基督教。异教徒和基督徒之间的冲突贯穿于帕特里克故事的始终。特别值得一提的是,帕特里克对国王顾问、宫廷众德鲁伊的高贵地位和神奇力量提出了挑战,他们对帕特里克轻蔑地嘲讽他们的精神能力感到愤恨。一个特别有影响力的故事,是关于这位基督教圣徒与国王洛克哈尔的德鲁伊——卢凯的不和的。在塔拉,卢凯试图在一个重要的异教节庆上在帕特里克的酒里下毒。失败后,卢凯又用一次火的审判来挑战帕特里克,最终帕特里克获胜。洛克哈尔相信了帕特里克的力量,于是皈依基督教。

这些关于布里吉特和帕特里克的文字记录,是公元第一个千年中叶关于异教和基督教——分别以德鲁伊教和圣徒为代表——关系的文献证据。但其他证据也指出了旧的多神教和新的一神教之间存在着联

终 章　异教与基督教：神话的变形

19 世纪的彩色玻璃窗，描绘了布里吉特，位于爱尔兰莱伊什郡巴利莱南。

系。基督教的三位一体——圣父、圣子和圣灵——很好地呼应了凯尔特异教由来已久的三重性。凯尔特神话（以及早期的崇拜符号）充斥着三重意象，所以基督教传教士在与异教徒沟通的时候，三重性是一个令他们舒适而熟悉的概念。

异教与基督教之间的过渡不仅可以通过文献证据呈现，也可以通过艺术描绘出来。在加迪夫的兰达夫大教堂，有一幅 19 世纪的石雕，描绘了一个三重头的形象，被当作三位一体的象征，但也完全可以看作异教神话中的三重头颅的形象。我们可以在 4 世纪君士坦丁时期的考古证据中，发现利用异教信仰作为基督教皈依渠道的想法。1975 年，人们用金属探测器在剑桥郡的罗马城镇杜鲁布瓦发现了一堆早期基督教堂使用的盘子。这些碎片中有银制的羽毛形纪念牌，这是存放在异教罗马-不列颠圣祠中的常见祈祷物品。但是这些牌子上确有金子装饰的凯乐符号（Chi-Rho），这个符号是由"基督"这个词的前两个希腊字母组成的。很显然，这些物品曾被小心翼翼地用来重新包装旧信仰体系的象征物品，以吸引人心归附新宗教。

人头是神话和前基督教意象中的另一个永恒主题。但早期的基督教艺术家也为这个宗教符号着迷。8至9世纪的爱尔兰十字架上出现了夸张的头像，例如基尔代尔郡的穆恩十字架底座周围聚集的使徒头像，以及阿索龙附近林纳根的耶稣十字架牌匾上的基督头像。也许最令人印象深刻的基督教-凯尔特艺术作品出自一个杰出的手稿文件——8世纪末9世纪初《凯尔经》——上的一页奇妙的凯乐符号图案。这一页上覆盖着各种图案，包括无数的三色漩涡（这是一种深受爱尔兰和威尔士铁器时代的铁匠喜爱的三臂漩涡）。但占据页面的是一个没有躯体的人头。

4世纪初，当君士坦丁皇帝宣布基督教为罗马国教时，异教徒——不管是凯尔特人还是罗马人——当然不是一夜之间就消失了，而是继续存在了几个世纪。凯尔特神话是由修士们编撰为文本形式的，但它借鉴了更早的故事叙述者的口头传统，体现了一种异教徒的传承，这些文本尽管受到基督教抄写员的改写，但还是被深深地拖进了其历史之中。一些写下神话的修士，甚至自身有可能是在口述故事的环境中长大的。不管情况是否如此，甚至有时还可以看到基督教的修饰，但爱尔兰和威尔士的民间神话仍然保存了下来，如记录或创造一幅丰富多彩的挂毯，其中包括古代神灵、超自然生物、魔法，不断干预人类事务的精灵鬼怪的故事。即使基督教在凯尔特地区已经普及了几个世纪，异教神话传统的力量依然继续显现，并没有被新的一神教信仰所抹杀：一个生活在10世纪晚期的人很可能在公开场合是基督徒，私下里依然是异教徒。

·延伸阅读·

一般译本

Davies, S., trans., *The Mabinogion. The Great Medieval Celtic Tales*, Oxford, 2007

Delaney, F., *Legends of the Celts*, London, 1989

Gantz, J., trans., *Early Irish Myths and Sagas*, London, 1981

Green, M. J., *Dictionary of Celtic Myth and Legend*, London and New York, 1992

Green, M. J., *Celtic Myths*, London, 1993

Green, M. J., ed., *The Celtic World*, London and New York, 1995

Green, M. J., and R. Howell, *Pocket Guide to Celtic Wales*, Cardiff, 2000

James, S., *Exploring the World of the Celts*, London and New York, 1993

Kinsella, T., trans., *The Táin*, Oxford, 1969

Mac Cana, P., *Celtic Mythology*, Feltham, England, 1983

O'Faolain, E., *Irish Sagas and Folk-Tales*, Oxford, 1954

德鲁伊

Aldhouse-Green, M. J., *Caesar's Druids*, New Haven and London, 2010

Chadwick, N., *The Druids*, Cardiff, 1997 (2nd edn; 1st edn 1966)

Cunliffe, B., *Druids. A Very Short Introduction*, Oxford, 2010

Fitzpatrick, A. P., *Who Were The Druids?*, London, 1997

Green, M. J., *Exploring the World of the Druids*, London and New York, 1997

考古学

Brunaux, J.-L., trans. D. Nash, *The Celtic Gauls: Gods, Rites and Sanctuaries*, London, 1988

Green, M. J., *The Gods of the Celts*, Stroud, 1986

Raftery, B., *Pagan Celtic Ireland*. London and New York, 1994

关于凯尔特的争论

Collis, J., *The Celts. Origins, Myths, Inventions*, Stroud, 2003

James, S., *The Atlantic Celts. Ancient People or Modern Invention?*, London, 1999

•引文出处•

上面未包括的书卷如下：

Caldecott, M., *Women in Celtic Myth*, London, 1988

Carson, C., *The Tain: A New Translation of the Táin Bó Cúailnge*, London 2008

Duff, E., trans. *Silius Italicus Punica*, London, 1949

Falconer, W., trans., *Cicero de Divinatione*, London, 1922

Graves, R., trans., *Lucan Pharsalia*, Harmondsworth, 1956

Harrison, G. B., (ed.), *Macbeth: The Penguin Shakespeare*, Harmondsworth, 1937

Hennessey, W. M., 'The ancient Irish Goddess of War', *Revue Celtique* 1, 1870–72

Jones, G., and T. Jones, *The Mabinogion*, London, 1974

Minahane, J., *The Christian Druids. On the Filid or Philosopher-Poets of Ireland*, Dublin, 1993

O'Faoláin, E., *Irish Sagas and Folk Tales*, Dublin, 1986

Ross, A., *Pagan Celtic Britain*, London, 1967

Sjöblom, T., 'Advice from a Birdman: Ritual Injunctions and Royal Instruction in TBDD', in A. Ahlqvist, G. W. Banks, R. Latvio, H. Nyberg and T. Sjöblom, eds, *Celtica Helsingensia*, Helsinki, 1996, 233–51

Stokes, W., *Coir Anman*, Leipzig, 1897

Thorpe, L., trans., *Giraldus Cambrensis. The Journey Through Wales*, Harmondsworth, 1978

Tierney, J. J., 'The Celtic Ethnography of Posidonius', *Proceedings of the Royal Irish Academy* 60, 247–75

Webb, J. F., trans., *Navigatio Brendani. The Voyage of Saint Brendan*, Harmondsworth, 1965

Webb, T., ed., *W.B Yeats Selected Poems*, London, 2000

Winterbottom, M., *The Ruin of Britain and Other Works*, London, 1978

Wiseman, A., and P. Wiseman, trans., *Julius Caesar. The Battle for Gaul*, London, 1980

个别引文出处：

7   W. B. Yeats *Cuchulain's Fight with the Sea*, lines 75–83; Webb (T.) 2000, 26

11 Wiseman and Wiseman 1980, 17

1   Jones and Jones 1974, 43

2   Raftery 1994, 98

6   Davies 2007, 48

8   Kinsella 1969, 48–9

11	Jones and Jones 1974, 30	110	Kinsella 1969, 133
16	Kinsella 1969, 37	112	Ross 1967, 100; after Stokes 1897, 384, para 241
20	Sjöblom 1996, 236		
25	Wiseman and Wiseman 1980, 121	116上	Gantz 1981, 66 (with minor author changes)
27上	Davies 2007, 68		
27下	Wiseman and Wiseman 1980, 12	116下	Davies 2007, 180
30	Cicero *de Divinatione*; Falconer 1922	119	Kinsella 1969, 49
32	Kinsella 1969, 3, 9	124	Jones and Jones 1974, 70
35	Voyage of St Brendan; Webb (J. F.) 1965, 35–6	127	Caldecott 1988, 4
		129	Shakespeare, *Macbeth* Act 1, Scene 3; Harrison ed. 1937, 23
36	Gildas *de Excidio Britanniae* 4, 2–3; Winterbottom 1978, 17		
		130	Kinsella 1969, 126
37	Giraldus Cambrensis; Thorpe 1978, 114	131	Kinsella 1969, 7
40	Davies 2007, 10	133	Carson 2008, 12
43	Green 1997, 153	135	Gantz 1981, 76
45	Kinsella 1969, 98	136	Hennessey 1870–2, 37
46	Delaney 1989, 3	138	Davies 2007, 29 (modified by author)
47	O'Faoláin 1986, 3		
49	Gantz 1981, 39	139	Jones and Jones 1974, 63
57	Delaney 1989, 58	145上	Kinsella 1969, 30
59	Green 1997, 129	145下	Lucan *Pharsalia*; Graves 1956, 78–9
65	Davies 2007, 8		
69	Davies 2007, 9 (with slight change by author)	148	Davies 2007, 62
		150	Delaney 1989, 85
72	Davies 2007, 47	152	O'Faoláin 1986, 31
75	Jones and Jones 1974, 46–7	156	O'Faoláin 1986, 23
81	Jones and Jones 1974, 10	161	Kinsella 1969, 27
83	Jones and Jones 1974, 184–5	165	O'Faoláin 1986, 164
87	Tierney 1959–60, 247	167	Davies 2007, 3
89	Gantz 1981, 182	170	Graves 1956, 38
92	Kinsella 1969, 62	171	Davies 2007, 25
94	Kinsella 1969, 84	174	Gantz 1981, 180
97	Kinsella 1969, 150	175	Wiseman and Wiseman 1980, 124
98	Kinsella 1969, 85	176	Duff 1949, 139
100	Davies 2007, 18	187上	Green 1997, 134, after Minahane 1993
105	Davies 2007, 204		
106	Davies 2007, 52	187下	Green 1997, 136, after Minahane 1993
107	Kinsella 1969, 29		

·译名对照表·

A

阿隆 Arawn
阿波罗 Apollo
阿尔斯特 Ulster
阿瓦格迪 Afagddu
阿尔伯思 Arberth
阿奎塔尼人 Aquitani
阿丽安萝德 Arianrhod
阿特纳奥斯 Athenaeus
阿尔斯特故事群 the Ulster Cycle
阿波罗·库诺马格鲁 Apollo Cunomaglus
阿米阿努斯·马尔切利努斯 Ammianus Marcellinus
奥凯德 Eochaid
奥古斯都 Augustus
奥尔德克罗根男子 Oldcroghan Man
奥恩古斯·麦克·欧克 Oenghus mac Oc
奥凯德 Eochaidh
埃博 Ibor
埃泰恩 Étain
埃默尔 Emer
埃立乌 Ériu
埃苏斯 Esus
埃弗尼辛 Efnisien
埃库·奥拉基尔 Echu Ollathir
艾达 Edar

艾利尔 Ailill
艾汶玛哈 Emain Macha
艾斯特福德节 Eisteddfod
爱杜依 Aedui
爱珀娜 Epona
爱弗洛格伯爵 Earl Efrog
安德拉斯特 Andraste
安农的战利品 The Spoils of Annwfn

B

布兰 Brân
布兰温 Branwen
布雷加 Brega
布雷斯 Bres
布迪卡 Boudica
布莱德文 Bleiddwn
布兰登爵士 Saint Brendan
布洛代韦德 Blodeuwedd
巴德 Badbh
巴罗尔 Balor
斑瓦 Banbha
白山 the White Mount
博安 Boann
碧姬（布里吉特）Brigit
贝弗 Badbh
贝尔塔纳（或贝尔蒂）Beltane (or Beltine)

《编年史》nnals
《不列颠的毁灭》De Excidio Britanniae

C

《赤牛之书》Book of the Dun Cow
传说故事群 the Mythological Cycle
《穿越威尔士的旅程》the Journey Through Wales
创始女神阿努 founder-goddess Anu
创始女神达努 founder-goddess Danu

D

达努 Danu
达格达 Daghdha
达南神族 the Dan Danaans
戴尔 Dáire
德鲁伊 Druid
德韦达 Dyfed
迪伦 Dylan
迪尔德丽 Deirdre
迪尔梅德 Diarmaid
迪安·凯特 Dian Cécht
迪奥多罗斯·西克卢斯 Diodorus Siculus
狄维契阿古斯 Diviciacus
杜诺列克斯 Dumnorix
《地方史》the Dinnshenchas
《鸵德嘎旅店》Da Derga's Hostel

F

芬恩 Finn
芬坦 Fintan
芬尼加 Finnegas
芬尼安 Finn
芬恩-默 Finn-mór

芬尼安故事群 the Fenian (or Fionn) Cycle
费恩 Fianna
费齐纳 Fiachna
费德利米德 Fedlimid
费恩宾纳赫 Finnbhennach
弗格尔 Forgall
芙德拉 Fódla
弗迪亚 Fer Diad
弗格斯·麦克·罗茨 Ferghus mac Roich
佛摩尔族 Fomorians
福尔博族 the Fir Bholg
福摩尔族 the Fomorians
富阿弗纳奇 Fuamnach
菲迪露玛 Fedelm
《法萨里亚》The Pharsalia

G

高卢人 Gauls
《高卢战记》De Bello Gallico
高文西迈 Gwalchmai
哥伦巴斯 Columbanus
戈万南 Gofannon
戈伊布尼乌 Goibhniu
格拉妮 Gráinne
格罗努 Gronw
格瓦里 Gwri
格温内斯 Gwynedd
格温迪昂 Gwydion
格温瓦法 Gwenhwyfar
格里高利 Gregory
坩埚 cauldron
古奥尔 Gwawl
古尔希尔 Gwrhyr
葛伊温 Goewin

圭昂 Gwion
圭纳布伊之鹰 the Eagle of Gwernabwy
盖尔布尔加矛 Gae Bulga
古德斯特拉普坩埚 the Gundestrup Cauldron

H

赫坦 Nechtan
赫丘利 Hercules
哈夫甘 Hafgan
哈莱克 Harlech
华塔赫 Uathach
海得文 Hyddwn
海希文 Hychdwn
《幻兽辞典》The Book of Imaginary Beings
《赫格斯特红书》the Red book of Hergest
豪尔赫·路易斯·博尔赫斯 Jorge Luis Borges

J

吉尔韦绥 Gilfaethwy
吉尔达斯 Gildas
吉拉德·坎姆里斯 Giraldus Cambrenisi
禁制 geis（单数形式）、gessa（复数形式）
君士坦丁 Constantine
教皇庇护十一世 Pope Pius XI
《酒神的伴侣》The Bacchae
《迦太基之战》Punica
《劫掠库林之牛》the Táin Bó Cuailnge
《寄养在有两个奶罐的家里》Altram Tiga dá Medar

K

库兰 Culann
库呼兰 Cú Chulainn
《库呼兰与海浪的搏斗》Cuchulain's Fight with the Sea
康纳赫特 Connacht
克雷德尼 Creidhne
克雷蒂安·德·特鲁瓦 Chrétien de Troyes
康诺尔·卡纳赫 Conall Cernach
康奈尔·默王 King Conaire Mǒr
凯斯巴 Cathbad
《凯尔经》Book of Kells
凯尔特西方 Celtic West
凯雅·依波梅斯 Caer Ibormeith
卡特 Cat
卡柏尔 Cairbre
卡尔雷昂 Caerleon
卡佩尔·加蒙 Capel Garmon
孔赫巴尔 Conchobar
孔赫沃尔 Conchobar
克鲁努楚 Crunnchu
克隆尼卡文男子 Clonycavan Man
克雷蒂安·德·特鲁瓦 Chrétien de Troyes
科内 Cernae
科马克 Cormac
科癸托苏斯 Cogitosus
《科利尼日历》Coligny calendar
《库尔威奇与奥尔温》Culhwch and Olwen

L

鲁格 Lugh
卢坎 Lucan
拉坦诺 La Tène
里安农 Rhiannon

卢奇达 Luchta
勒耶尔 Llyr
罗斯默塔 Rosmerta
罗伯特·骚赛 Robert Southey
《罗纳布伊的梦》The Dream of Rhonabwy
莱伊·劳·吉费斯 Lleu Llaw Gyffes
黎安托纳 Rigantona
利巴古姆 Leabharcham
莱因斯特 Leinster
老普林尼 Pliny the Elder
卢格纳萨多节 Brón Trogain
《论预言》De Divinatione
《勒孔黄书》Yellow Book of Lecan
《莱德西白书》the White Book of Rhydderch

M

米迪尔 Midir
媚芙 Medbh
弥德 Mide
弥洛陶诺斯 Minotaur
摩莉根纳 Morrigna
摩莉甘（摩莉根纳的单数形式）Morrigán
玛恰 Macha
马斯 Math
马彭 Mabon
马多克 Madawg
马纳威丹 Manawydan
马索卢赫 Matholwch
马波努斯 Maponus
莫德隆 Modron
墨丘利 Mercury
莫吉·瑞思 Mog Ruith

曼纳南·麦克·李尔 Manannán mac Lir
麦克达索 Mac Da Thó
摩蒂默·惠勒爵士 Sir Mortimer Wheeler
《马比诺吉昂》The Mabinogi

N

尼尔 Neill
尼舍 Naoise
尼姆格兰 Nemglan
尼姆格兰 Nemglan
尼哈勒尼亚 Nehalennia
诺登斯 Nodens
那瑟斯 Nerthus
奈米得国王 King Nemedh
努阿达之剑 the Sword of Nuadu
努阿达·阿根兰 Nuadu Argatlámh

O

欧汉 Eoghan
欧里庇得斯 Euripides

P

佩彬 Pebin
珀西瓦尔 Perceval
皮尔斯王国 the kingdom of Powys
《皮尔杜》Peredur
普伊尔 Pwyll
普雷德里 Pryderi
普瓦捷主教希拉里 Hilary, Bishop of Poitiers

Q

《侵略之书》the leabhar Gabhála

切赫查·麦克·乌特迪尔 Celtchar mac Uthidir

S

萨蒙尼奥节 Samonios
萨温节 Samhain
塞壬 siren
赛坦塔 Sétanta
赛瑞维 Crearwy
赛瑞德温 Ceridwen
赛奎安娜 Sequana
塞尔努诺斯 Cernunnos
塞尼西阿努斯 Senicianus
塞恩里斯·麦克·因巴斯 Sainrith mac Imbaith
斯巴尔 Scibar
斯卡塔赫 Scáthach
斯特拉波 Strabo
《圣徒传》Lives of the Saints
圣帕特里克 Saint Patrick
《圣布伦丹的航行》the Voyage of St Brendan
科文提纳 Coventina
苏利斯·密涅瓦 Sulis Minerva
《圣布里吉特传》Vita Brigitae

T

塔拉 Tara
塔利辛 Taliesin
图尔 Tours
图塔蒂斯 Teutates
坦德里吉偶像 the Tanderagee Idol
特罗伊特 Twrch Trwyth
《塔利辛之书》The Book of Taliesin

塔西佗 Tacitus
塔兰尼斯 Taranis
泰尔图 Tailtu
泰尔农·特劳夫·利安特 Teyrnon Twryf Liant

W

五朔节 May-eve
瓦洛尼亚橡树 ValloniaOak

X

仙丘 sidhe
席格法 Cigfa
西塞罗 Cicero
西罗娜 Sirona
西尔维阿努斯 Silvianus
西利乌斯·伊塔利库斯 Silius Italicus
《向埃泰恩求爱记》the Wooing of Etain

Y

亚瑟王 King Arthur
迎春节 Beltane
约沃思 Iorwerth
伊斯巴达登 ysbaddaden
尤利乌斯·凯撒 Julius Caesar
伊奥洛·摩根威格 IoIo Morgannwg

Z

志留人 Silures
朱庇特 Jupiter
《自然史》Natural History

·插图出处·

以下按页码排列,其中 f 为序。

i Photo Jean Roubier; **ii** Paul Jenkins; **ix**, **x** Martin Lubikowski, ML Design, London; **f4** Humber Archaeological Partnership, Hull; **3** © National Monuments Service, Dublin. Department of Arts, Heritage and the Gaeltacht; **4**(左)Royal Irish Academy, Dublin; **4**(右)Jesus College, Oxford; **6** Ulster Museum, Belfast; **7** Newport Museum & Art Gallery; **9** Illustration. Anne Leaver; **14**, **15** Nationalmuseet, Denmark; **17** Corinium Museum, Cirencester; **18** National Museum of Ireland, Dublin; **21** Paul Jenkins; **28** Musée Historique et Archéologique, Orléans; **31** PaulJenkins; **33** National Gallery of Scotland, Edinburgh; **34** Paul Jenkins; **38** Universitätsbibliothek, Heidelberg/Bridgeman Art Library; **39** Rheinisches Landesmuseum, Stuttgart; **41** British Museum, London; **47** The Irish Times; **50** Photo: Carole Raddato; **51** Paul Jenkins; **52** Bristol City Museum; **58** Gloucester City Museum; **59** Paul Jenkins; **62** The Irish Times; **66** Paul Jenkins; **67** Nationalmuseet, Denmark; **77**(上)Landesmuseum, Zurich; **77**(下)National Museum of Ireland, Dublin; **82** Barbara Crow; **85** © Crown Copyright (2014) Visit Wales; **89** National Museum of Ireland, Dublin; **91** Musée dArchéologie Nationale, St-Germain-en-Laye; **95** TopFoto; **97** Werner Forman/Corbis; **99** Irish Tourist Board; **101** Musée Historique et Archéologique, Orléans; **102** Paul Jenkins; **103** Miranda Aldhouse-Green; **109** Musée de la Préhistoire Finistérienne, Brittany; **110** The Trustees of the British Museum, London; **111** Nationalmuseet, Denmark; **112** National Museum of Wales, Cardiff; **113** Musée National du Moyen Âge, Paris; **115** Illustration © Anne Leaver; **118** Musée Archéologique, Dijon; **121** Musée National du Moyen Âge, Paris; **123** National Museum of Wales, Cardiff; **125** Miranda Aldhouse-Green; **128** Nationalmuseet, Denmark; **132** Stephen Conlin; **133** Paul Jenkins; **134**, **136** Miranda Aldhouse-Green; **137** Illustration Rowena Alsey; **141** Newport Museum & Art Gallery; **143** Archäologiemuseum, Graz; **144** Musée de Bretagne, Rennes; **146** from William Stukeley, *Stonehenge, a Temple Restord to the British Druids, 1740*; **151** Musée Archéologique, Dijon/ Bridgeman Art Library; **152** National Museum of Ireland, Dublin; **153** Peter Zoeller/Design Pics/Corbis; **155** Miranda Aldhouse-Green; **157** The Irish Times; **159** Department of Defence, Dublin; **160** National Geographic Image Collection/Alamy; **162** Miranda Aldhouse-Green; **166** Paul Jenkins; **168** Miranda Aldhouse-Green; **172** Nationalmuseet, Denmark; **173** National Museum of Wales, Cardiff; **175** Paul Sampson/Travel/Alamy; **177** The Trustees of the British Museum, London; **179** Tom Bean/Corbis; **181** Musée Historique et Archéologique, Orléans; **183** The Trustees of the British Museum, London; **189** Irish Tourist Board.

© 民主与建设出版社，2018

图书在版编目（CIP）数据

凯尔特神话 /（英）米兰达·阿尔德豪斯-格林著；刘漪译. -- 北京：民主与建设出版社，2018.11
书名原文：THE CELTIC MYTHS: A GUIDE TO THE ANCIENT GODS AND LEGENDS
ISBN 978-7-5139-2345-3

Ⅰ. ①凯… Ⅱ. ①米… ②刘… Ⅲ. ①凯尔特人—民族历史—通俗读物 Ⅳ. ①K560.8-49

中国版本图书馆CIP数据核字(2018)第258457号

Published by arrangement with Thames and Hudson Ltd, London
The Celtic Myths © 2015 Thames & Hudson Ltd, London
This edition first published in China in 2018 by Ginkgo (Beijing) Book Co., Ltd Beijing
Chinese edition © 2018 Ginkgo (Beijing) Book Co., Ltd

本书简体中文版由银杏树下（北京）图书有限责任公司出版。

版权登记号：01-2018-7877

凯尔特神话
KAIERTE SHENHUA

出 版 人	李声笑
著　　者	［英］米兰达·阿尔德豪斯-格林
译　　者	刘漪
出版统筹	吴兴元
责任编辑	刘艳
封面设计	墨白空间·黄海
出版发行	民主与建设出版社有限责任公司
电　　话	（010）59417747　59419778
社　　址	北京市海淀区西三环中路10号望海楼E座7层
邮　　编	100142
印　　刷	北京盛通印刷股份有限公司
版　　次	2018年11月第1版
印　　次	2019年3月第3次印刷
开　　本	889毫米×1194毫米　1/32
印　　张	6.25
字　　数	175千字
书　　号	ISBN 978-7-5139-2345-3
定　　价	68.00元

注：如有印、装质量问题，请与出版社联系。